迷わずできる葬儀のあとの手続きのすべて

弁護士　本橋 光一郎
社会保険労務士　光石 敦子
マナーデザイナー　岩下 宣子
監修

大泉書店

はじめに

大切な人が亡くなったとき、悲しみに暮れる暇もなく、遺族にはやらなければならないことがたくさんあります。

通夜や葬式など、亡くなった方をお見送りするための準備や手配、儀式が終わってからの各種手続きなどは、何から手をつけたらよいものか、そもそもどんな手続きが必要なのか、わからないことばかりで途方に暮れてしまうものです。

そんなときのために、本書では押さえておきたいポイントを明確にし、必要な手続きのチェックリストや書類の一覧を充実させました。

各家庭で必要な手続きや書類は異なりますので、書き込み式のリストを活用し、手続きの漏れや二度手間を防いでください。

いざというとき、遺族の方々の手続きの煩わしさが少しでも軽減されますように。

そして本書がその一助となりますように。

本書の見方

イラストや表で
わかりやすい解説

葬儀・相続について
詳しく説明

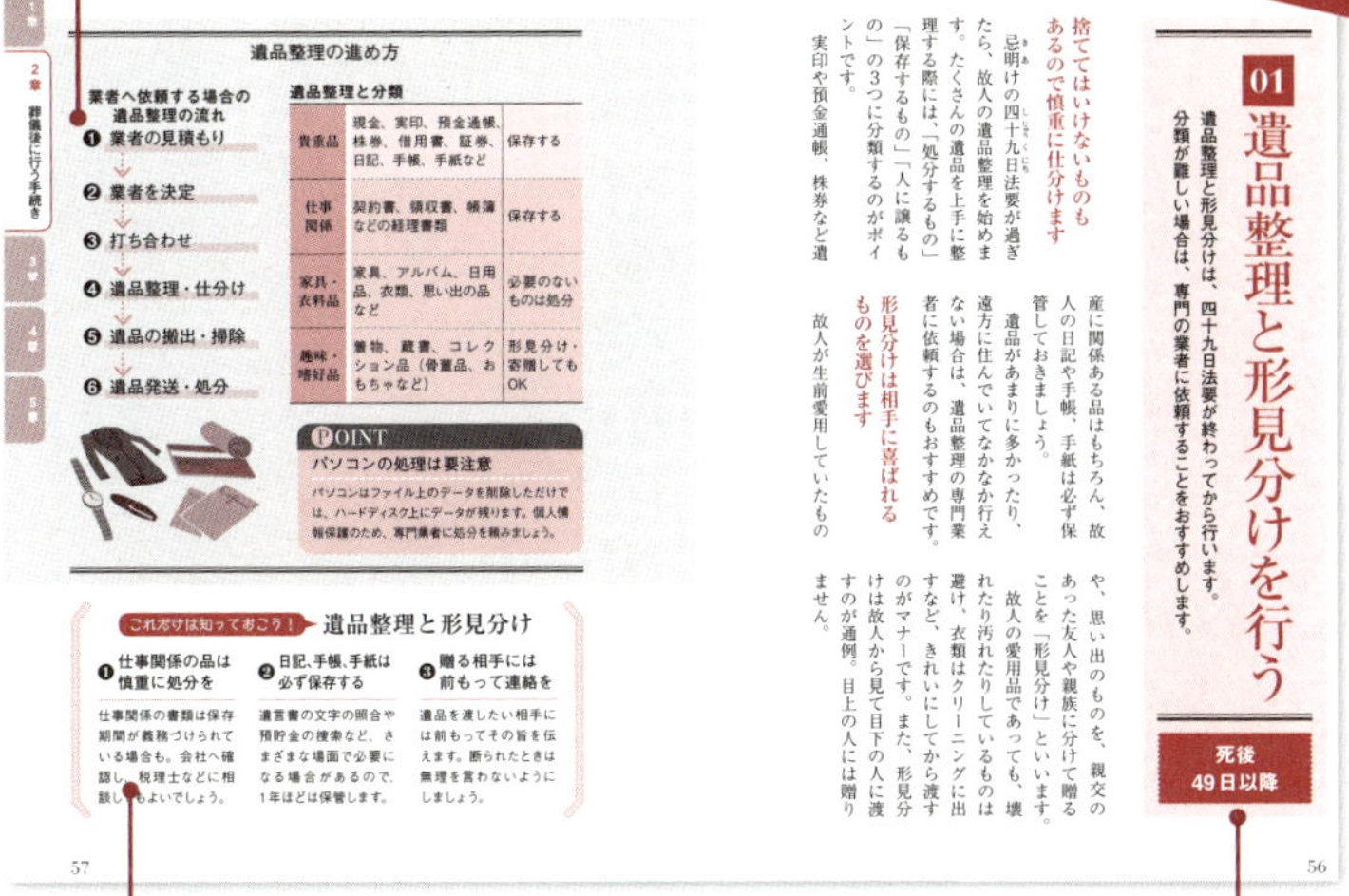

01

遺品整理と形見分けを行う

遺品整理と形見分けは、四十九日法要が終わってから行います。分類が難しい場合は、専門の業者に依頼することをおすすめします。

死後
49日以降

捨ててはいけないものもあるので慎重に仕分けます

忌明《きあ》けの四十九日《しじゅうくにち》法要が過ぎたら、故人の遺品整理を始めます。たくさんの遺品を上手に整理する際には、「処分するもの」「保存するもの」「人に譲るもの」の3つに分類するのがポイントです。

実印や預金通帳、株券など遺産に関係ある品はもちろん、故人の日記や手帳、手紙は必ず保管しておきましょう。

遺品があまりに多かったり、遠方に住んでいてなかなか行えない場合は、遺品整理の専門業者に依頼するのもおすすめです。

形見分けは相手に喜ばれるものを選びます

故人が生前愛用していたものや、思い出のものを、親交のあった友人や親族に分けて贈ることを「形見分け」といいます。

故人の愛用品であっても、壊れたり汚れたりしているものは避け、衣類はクリーニングに出すなど、きれいにしてから渡すのがマナーです。また、形見分けは故人から見て目下の人に渡すのが通例。目上の人には贈りません。

56

2章 葬儀後に行う手続き

遺品整理の進め方

業者へ依頼する場合の遺品整理の流れ

❶ 業者の見積もり
❷ 業者を決定
❸ 打ち合わせ
❹ 遺品整理・仕分け
❺ 遺品の搬出・掃除
❻ 遺品発送・処分

遺品整理と分類

貴重品	現金、実印、預金通帳、株券、借用書、証券、日記、手帳、手紙など	保存する
仕事関係	契約書、領収書、帳簿などの経理書類	保存する
家具・衣料品	家具、アルバム、日用品、衣類、思い出の品など	必要のないものは処分
趣味・嗜好品	着物、蔵書、コレクション品（骨董品、おもちゃなど）	形見分け・寄贈してもOK

POINT

パソコンの処理は要注意

パソコンはファイル上のデータを削除しただけでは、ハードディスク上にデータが残ります。個人情報保護のため、専門業者に処分を頼みましょう。

これだけは知っておこう！ 遺品整理と形見分け

❶ 仕事関係の品は慎重に処分を

仕事関係の書類は保存期間が義務づけられている場合も。会社へ確認し、税理士などに相談してもよいでしょう。

❷ 日記、手帳、手紙は必ず保存する

遺言書の文字の照合や預貯金の捜索など、さまざまな場面で必要になる場合があるので、1年ほどは保管します。

❸ 贈る相手には前もって連絡を

遺品を渡したい相手には前もってその旨を伝えます。断られたときは無理を言わないようにしましょう。

57

覚えておきたい
3つのポイントがわかる

手続きの期限について紹介。「死後すみやかに」は葬儀に関わる内容の期限、「できるだけ早く」は故人の死後、早めに行っておきたい手続きの期限をさす

書き込み式リストも！

臨終時の連絡先や手続きに必要な書類リストなど、各家庭で必要な情報をまとめられる書き込み式リストを掲載。本書を読み進めながら活用してください。

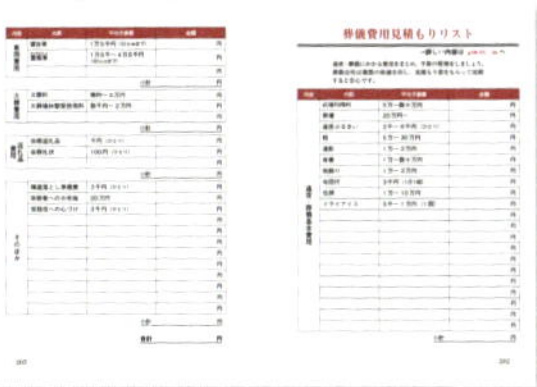

必要書類や提出場所を
一覧で紹介

難しい書類の
書き方がわかる！

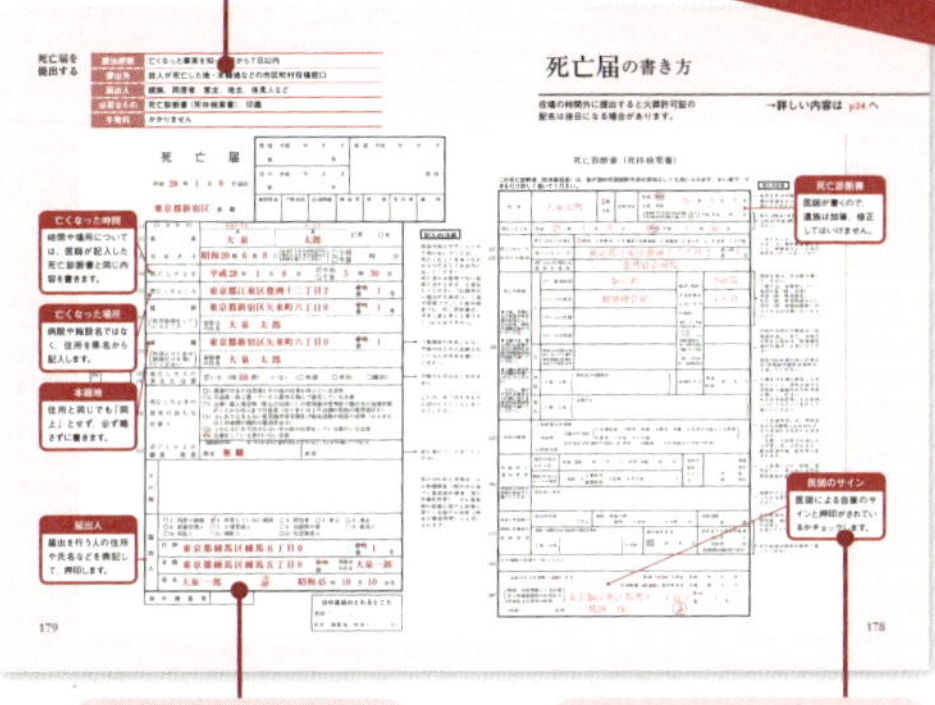

記入例は赤字で
見やすく表記

記入の際の注意や
ポイントがわかる

※本書の内容は2016年3月末日現在の法令等に基づいています

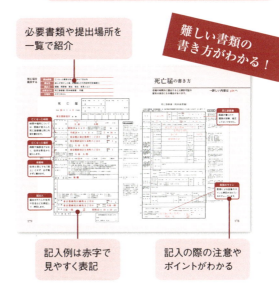

目次

第2章 葬儀後の手続き

第3章 遺族年金の手続き

第4章 遺産相続の進め方

第5章 その後の供養

葬儀・相続に関する手続き 提出書類の記入の仕方

葬儀・相続重要用語

遺贈《いぞう》
被相続人が遺言による指定で、財産を第三者に譲り渡すこと。相続人以外も可能です。

遺族年金《いぞくねんきん》
公的年金（国民年金・厚生年金）の加入者が死亡したとき、残された遺族に支払われる年金のこと。労災の場合、労働者災害補償保険法に基づき、給付される年金もあります。

寡婦《かふ》
夫と離婚または死別したあとも結婚をしていない女性のことを指します。

戸籍謄本《こせきとうほん》・抄本《しょうほん》
謄本は戸籍にある全員の情報を、抄本は必要とする人の情報だけを写したものです。

除籍謄本《じょせきとうほん》
死亡、または婚姻、離婚、転籍などによって戸籍内の全員が抜けた状態の戸籍を指します。

生計《せいけい》を同《おな》じくする
故人が死亡当時、日常の生活の収支を同じにしていた状態。公的支給や補償の対象の要因のひとつ。

被相続人《ひそうぞくにん》
遺産を相続される人のことです。相続人が受け継ぐ財産の権利や義務の元の持ち主。

被保険者《ひほけんしゃ》
健康保険や公的年金に加入している人で、その給付や補償の対象になる人物のこと。

扶養者《ふようしゃ》
健康保険の被保険者（本人）と生計を同じくし、収入など一定の条件を満たしている親族。

葬儀と各種手続きの流れ

ご家族（被相続人）の死亡

遺族は悲しみに暮れる暇もなく、葬儀の準備や手続きなどしなければならないことがあります。

相続開始 ——— 3カ月以内

届出・手続き

- 死亡届・死体火葬許可申請書 p24
  - 死後7日以内
- 健康保険・世帯主変更 p60
  - 世帯主変更は死後14日以内
- 年金関係の手続き p92
  - 国民年金の停止は死後14日以内
  - 厚生年金の停止は死後10日以内
- 公共料金などの名義変更・解約 p60
- 遺言書の調査・検認 p110
- 相続人調査 p102

葬儀・法要

- 連絡・方針決め p22, 28
- 通夜・葬儀・告別式 p34
- 初七日《しょなのか》法要 p48
- 四十九日《しじゅうくにち》法要 p160

1年以内　10カ月以内　4カ月以内

相続財産（遺産・債務）調査
p100

相続の承認・放棄
p126
死後3カ月以内

所得税準確定申告書
p78
死後4カ月以内

遺産分割協議
p122

預金などの払戻し・解約・名義変更
p136

相続税申告書
p152
相続開始を知った翌日から10カ月以内

遺《い》留《りゅう》分《ぶん》減《げん》殺《さい》請《せい》求《きゅう》
p120
侵害を知った日から1年以内

納骨《のうこつ》
p164

一周忌法要
p172

いざというとき迷わない

遺族が行う手続きリスト

各自必要に応じて手続きを行ってください。

時期	手続き	チェック	本書ページ
臨終後から火葬までの手続き	死亡届・死亡診断書を提出する		p24
	➡死体火葬許可証が交付される		
	死体火葬許可証を提出する ➡埋葬許可証が交付される		p24、42
各種諸手続き	世帯主を変更する		p60
	公共料金の名義変更を行う		p60
	➡電気		
	➡上下水道		
	➡ガス		
	➡NHK受信料		
	賃貸契約の名義変更・解約をする		p60
	故人の保険契約の名義変更・解約をする		p60
	故人の保険証を返却する		p64
	➡健康保険証		
	➡国民健康保険証		
	➡後期高齢者医療被保険者証		
	➡介護保険被保険者証		

時期	手続き	チェック	本書ページ
各種諸手続き	故人の運転免許証を返却する		p64
	クレジットカードを解約する		p64
	故人の印鑑登録証明書を廃止する		p65
	パスポートを返却する		p65
	公共機関の発行物を返却する		p65
	➡住民基本台帳カード		
	➡老人優待パス　　など		
	携帯電話・インターネットを解約する		p65
	スポーツクラブなど 民間の会員証を返却・解約する		p65
	調理師免許など そのほかの免許を返却する		p65
	年金の受給を停止する		p64、92
	未支給の年金を請求する		p64、92
	高額療養費の払い戻しを請求する		p68
	遺族（補償）給付など 労災保険の補償を請求する		p76

時期	手続き	チェック	本書ページ
各種諸手続き	準確定申告を行う		p78
	葬儀費用の補助金を請求する		p66
	➡葬祭費の請求		
	➡埋葬料の請求		
	➡葬祭料・葬祭給付の請求		
	遺族年金の給付を申請する		p84
	➡故人が国民年金加入者 （遺族基礎年金／寡婦《かふ》年金／死亡一時金）		
	➡故人が厚生年金加入者 （遺族厚生年金・条件によって加算あり）		
相続のための手続き	相続人がだれかを調査・確認する		p102
	➡戸籍謄本を発行して確認		
	➡代理人選任の申し立てを行う		
	相続財産の調査をする		p100
	➡預貯金の確認		
	➡株式・有価証券の確認		
	➡不動産の確認		
	➡家財道具・乗物・そのほか財産の確認		
	➡家業関係の確認		
	➡死亡保険金の確認		

時期	手続き	チェック	本書ページ
相続のための手続き	遺言書の検認の申し立てを行う		p114
	遺産分割協議を行う		p122、124
	➡遺産分割協議書を作成する		
	➡相続分の分配を決める		
	➡遺産の分割方法を決める		
	➡特別受益と寄与分を考慮する		
	遺《い》留《りゅう》分《ぶん》減《げん》殺《さい》請求を行う		p120
	相続放棄の申し立てを行う		p126
	単純承認・限定承認の申し立てを行う		p126
	遺産分割調停・審判の申し立てを行う		p132
相続財産取得のための手続き	相続財産取得のための手続きを行う		p134、136
	➡不動産の登記名義変更を行う		
	➡自動車の名義変更を行う		
	➡株式・有価証券の名義変更を行う		
	➡死亡保険金の請求を行う		
	➡預貯金の名義変更を行う		
	➡そのほかの権利の変更を行う		

時期	手続き	チェック	本書ページ
相続税申告・納付のための手続き	相続した財産ごとの評価額を算定する		p143
	相続税の計算をする		p148
	➡①相続総額を算出する		
	➡②課税価格の総額を計算する		
	➡③基礎控除額を計算する		
	➡④実際の課税価格を計算する		
	➡⑤各相続人の相続税額を計算する		
	➡⑥相続税の総額を計算する		
	➡⑦相続割合に応じて相続税の総額を按分《あんぶん》する		
	相続税の申告・納付を行う		p152
	延納と物納を検討する		p154

マイナンバー制度の導入について

平成27年10月から社会保障・税番号制度（マイナンバー制度）が導入されました。それに伴い、本書で紹介している申請書・申告書の中には個人番号（マイナンバー）の記載が必要なものがあります。

・「所得税・贈与税」に関する申告書は、「平成28年分の申告書から」
・「相続税の申告」は「平成28年1月1日以降の相続または遺贈に係る申告書から」

そのため、平成28年1月1日以降の相続開始（被相続人死亡）の申告書が対象となります。

個人番号（マイナンバー）を記載するのは、故人（被相続人）と相続人（遺産相続した人）の番号です。

個人番号（マイナンバー）について、不安がある際は届け出先の税務署等の窓口に問い合わせて確認をしてください。

（2016年3月現在）

第1章

臨終から葬儀・告別式

臨終から葬儀・告別式の流れ

臨終から通夜までは時間があまりないため、経験豊富な親族にアドバイスをもらい、葬儀会社と相談しながら準備していきましょう。

危篤・臨終 → 遺体搬送 → 死亡届の提出 → 葬儀の方針を決める →

危篤・臨終 p20
遺体搬送 p22
死亡届の提出 p24
葬儀の方針を決める p28

葬儀前に必要な手続き・手配・連絡をします

危篤・臨終がわかったら、すぐに親族や看取ってほしい知人へ連絡します。臨終後はすみやかに病院の退院の支払いや、遺体搬送の手続きなどを行います。

戒名は葬儀と一緒に依頼します

菩提寺《ぼだいじ》に納骨する際は、戒名が必要になります。葬儀の依頼と一緒に、戒名も忘れず依頼しましょう。

通夜・通夜ぶるまい
p34

↓

葬儀・告別式
p38

↓

出棺・火葬
p40, 42

↓

還骨法要・初七日法要

精進落とし

↓

挨拶回り
p50

謝礼や葬儀費用を支払うタイミング

宗教者や世話役への謝礼は当日か挨拶回りのときに渡します。葬儀会社の費用は、請求書を受け取ってから支払います。

許可証を用意し持ち帰ります

死亡届を提出した際に交付される火葬許可証を提出しないと火葬できません。火葬後、持ち帰るのも忘れずに。

香典返しは四十九日法要後に渡します

香典返しは、四十九日《しじゅうくにち》法要（P172参照）のあとに送るのが一般的ですが、近年、葬儀当日に渡す「即日返し」も増えています。

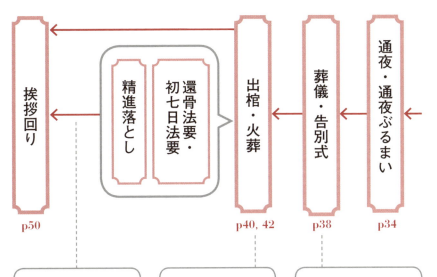

01 危篤・臨終時は何をする？

危篤の連絡があったら、親族や最期に看取ってほしい人などへすぐに連絡をします。臨終を告げられたら儀式を行い、親族や知人にすぐに伝えましょう。

危篤の連絡を受けたら迅速に連絡をしましょう

家族が危篤を告げられたら、まず行わなければならないのは親族や知人への連絡です。

親族には3親等までを目安に知らせます。本人の親や子、兄弟姉妹にはたとえ疎遠であっても連絡したほうがよいでしょう。連絡するときは電話で行います。一刻を争う事態なので早朝や深夜でも問題ありません。

相手へは、自分の名前、危篤の人物との関係、危篤の事実、場所、連絡先など、簡潔に伝えてください。このとき、相手が来るかどうかは確認しないのがマナーです。

普段から親族・知人のリストを作成しておくと安心です。

▼危篤・臨終時連絡リスト（P201）

臨終を告げられたら立会人が儀式を行います

医師に臨終を告げられたら、病室に立ち会っていた人が「末《まつ》期《ご》の水」（故人の唇を湿らせる）、病院側が「清拭《せいしき》」（体をアルコールで拭き清める）を行います。

亡くなったことを、親族・知人・勤務先の直属の上司などに早めに連絡しましょう。

危篤時に連絡する範囲

3親等まで連絡をとる

疎遠にしていた親族でも、連絡をしなかったことで「なぜ知らせなかった？」と感情のもつれを引き起こすこともあるので、左の家系図の3親等までの親族には必ず知らせます。

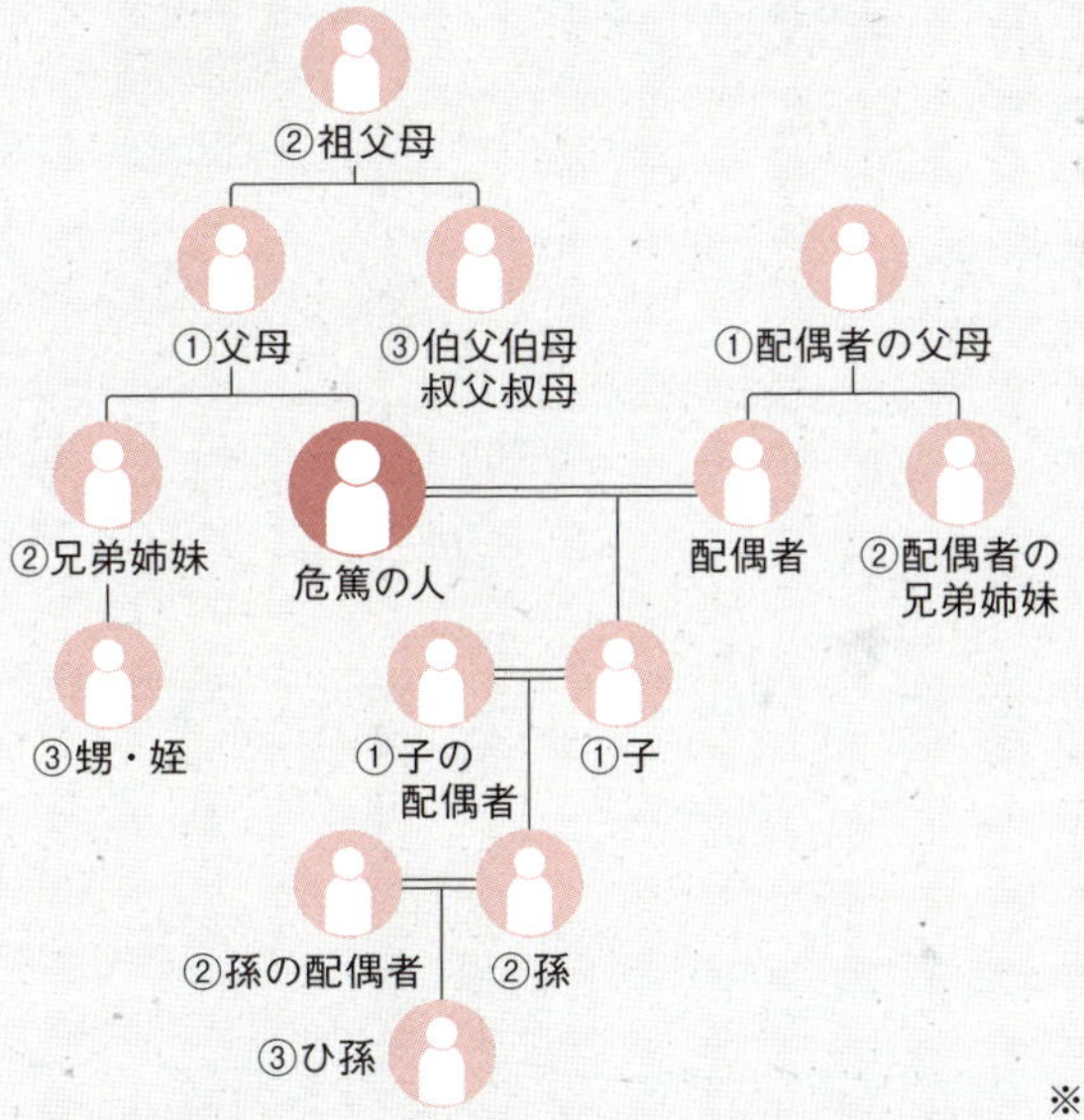

※①～③は親等をあらわしています

Q&A

病院以外で危篤になったらどうする？

家族が自宅で危篤状態になったときは、すぐに主治医や救急病院に連絡します。また、遠方や外出先から危篤の連絡が入った場合は、ほかの親族にも連絡し、急いでその場に駆けつけます（自宅での死、または事故死、変死などの場合はP52参照）。

これだけは知っておこう！ **危篤・臨終時の対応**

❶ まずは親族や知人に連絡する

危篤状態だと連絡を受けたら、親族や看取ってほしい人に至急連絡をします。深夜や早朝でも構いません。

❷ 親族は3親等まで伝えるのがマナー

疎遠になっている兄弟姉妹であっても、一報を入れましょう。伝える範囲は3親等までが目安です。

❸ 葬儀会社へ連絡をする

葬儀会社が決まっていれば、臨終を告げられた段階で連絡をします。病院側へも、葬儀会社スタッフが来る旨を知らせます。

02 退院手続きと遺体搬送はどうする？

退院手続きは遺族が、遺体搬送は葬儀会社が行うのが一般的です。遺体の搬送には医師から死亡診断書を受け取る必要があります。

医師から死亡診断書を受け取り遺体搬送を行います

病院で亡くなった場合、末期《まつご》の水などの儀式を終えたら、担当医から死因の説明を受けます。確認しておきたいことがあればこの場で聞いておきましょう。

故人の遺体は院内の霊安室へと運ばれ、その後自宅や通夜を行う斎場に直接移されます。遺体の搬送は、事前に決まっている葬儀会社があれば、そこへ連絡をして依頼し、病院側へ伝えます。深夜でも問題ありません。

病室の片付けや退院の手続きは、搬送準備が整う前までにすませます。遺体の搬送や埋葬の手続きには「死亡診断書」が必要なので、医師に記入してもらい受け取ります。

自宅で死亡した場合は、かかりつけの医師に連絡して来てもらい、診断書の作成を依頼します。病院側の事情で死亡診断書がすぐに受け取れない場合は、後日郵送してもらいますが遺体は搬送できます。

ただし、事故や災害で亡くなったときや、変死の疑いがあるときは警察に届け出なければなりません。監察医による検視後、「死体検案書」が発行されます。

退院・遺体搬送時の支払いについて

POINT

故人名義の預貯金に注意！

亡くなると、故人名義の預貯金は遺産となり、口座が凍結され、お金の出し入れができなくなります。引き出すためには、相続人全員の同意書などが必要になるケースもあり、時間と手間がかかります。故人の預貯金を葬儀などにあてようと思っている場合は、亡くなる前に引き出しておいたほうがよいでしょう。

①「死亡診断書」には料金がかかります

死亡診断書は、死亡届（P178参照）と左右一対になった用紙です。死体検案書と同一の用紙となっています。病院によって異なりますが、発行には1通5千～1万円ほどかかります。

②病院への支払いはその日のうちに

故人の入院時の私物をまとめたら、治療費や入院費など病院への支払いをその日のうちに行いましょう。深夜や早朝で支払いができない場合は、後日改めて出向きます。

③病院へのお礼は不要

医師や看護師など入院中にお世話になった病院関係者に挨拶をすませたら退院です。お礼の品物は必要ありませんが、どうしても渡したい場合は、金銭ではなく、後日お菓子などを届けましょう。

これだけは知っておこう！ 退院手続きと遺体搬送

❶ 遺体搬送は葬儀会社へ連絡

臨終の儀式が終わったら、遺体搬送の手続きをします。葬儀会社が決まっていれば、そこへ連絡を入れます。

❷ 退院手続きは遺体搬送前に

遺体搬送の準備をしている間に、故人の入院中の片付け、退院の手続きや病院の支払いをすませます。

❸ 現金は多めに用意する

死亡診断書の発行や、入院中の治療費などの費用がかかります。スムーズに支払えるよう現金を用意しておいて。

03

死亡届を提出する

故人が亡くなったら、死亡届に必要事項を記入し、死後7日以内に市区町村役場の戸籍係窓口へ提出しなければなりません。

死後 7日まで

期限内に提出できるよう気をつけましょう

遺族は、故人が亡くなった日から7日以内に「死亡届」を提出する義務があります。

期限内に出さなければ、火葬や埋葬の手続きができません。死亡届は通常、医師が作成する死亡診断書（P22参照）と一対の用紙になっています。

必要事項の記入と署名、捺印を行い、故人の本籍地、届出人の住所地、故人が亡くなった場所のいずれかの市区町村役場の戸籍係に提出します。時間外窓口で365日24時間提出することができます。海外で亡くなった場合の期限は、死亡を知った日から3カ月以内に提出します（P52参照）。遺族は悲しみに暮れ、葬儀の準備で忙しいことが多いため、葬儀会社が遺族から死亡届を受け取り、代わりに役所に提出するということも多いようです。

死亡届を提出すると「死体火葬許可証」が交付されます。遺体の火葬や埋葬はこの許可証がなければ行えません。火葬の際、火葬場に提出します。紛失を避けるため、葬儀会社の担当者へ渡しておくのがおすすめです。

死亡届提出時の注意

☑記入漏れがないように

死亡届は公的書類なので、記入例に従って、正しく記入します。書き終えたら、記入漏れがないか、しっかりと確認するようにしましょう。

☑コピーをとっておく

のちに死亡保険金の請求や相続の手続きなどで、死亡診断書のコピーが必要になります。5枚ほどコピーしておくと安心です。コピーし忘れたり、紛失した場合は再発行できます。

☑期限を守る

提出が遅れると葬儀や火葬が遅れてしまいます。提出は家族でなくても構いません。親族や代理人、葬儀会社に依頼して、必ず死後7日以内に提出するようにしましょう。

〈死亡届を提出できる人〉

- 親族
- 同居者
- 家主
- 地主
- 後見人
- 葬儀会社担当者

など

Q&A 「死体埋葬許可証」とは？

「死体火葬許可証」が発行され、火葬が終わったら、日時を記入し火葬ずみの印を押した「死体埋葬許可証」が火葬場で発行されます。これは納骨の際、墓地の管理者に提出します。新たに墓を建てるためにすぐに納骨ができない場合は､「埋葬許可証」を紛失しないように気をつけましょう。紛失しても、再発行されません。

「死亡届」の書き方→ P178 参照
「死体埋火葬許可申請書」の書き方→ P180 参照

これだけは知っておこう！ 死亡届の提出

❶提出は期限内に行う

故人が亡くなった日から7日以内に「死亡届」を提出する義務があります。365日24時間受けつけています。

❷家族以外でも提出は可能

親族や代理人、葬儀会社など、家族以外の人でも提出ができます。葬儀・火葬のため、早めに提出しましょう。

❸「死体火葬許可証」が交付される

死亡届を提出すると交付される許可証です。火葬や埋葬の際に必要になるので、しっかりと管理しましょう。

死後すみやかに

04 喪主は誰が務める？

遺体を自宅、または斎場などの施設に安置したら、まずは、通夜・葬儀を執り行う「喪主」を遺族の中から決定します。

配偶者や親、子が行うのが一般的です

「喪主」とは、遺族の代表として通夜や葬儀を主催する人物です。葬儀後に行う法要も喪主が主催することになります。

喪主は故人と縁の深かった人物が務めます。多くの場合、故人の配偶者か子が喪主となりますが、結婚によって姓の変わった子どもでも問題ありません。数人の遺族が連名で喪主となることも可能です。

喪主の役割は、通夜や葬儀の方針を決め葬儀会社と相談して最終決定を行うこと、故人に代わって弔問《ちょうもん》を受けることです。

通夜や葬儀の当日、喪主は、参列者の目礼に応えるため受付開始前に祭壇の前に着席します。そのため、参列者の出迎えや受付といった実務に携わることはありません。

当日の実務を担うのは「世話役」です。香典や現金の管理を行う会計係、司会を行う進行係、参列者への対応を行う受付係など数人で分担して行います。

世話役は故人の親族が務めるものでしたが、最近では、会計係を除き、葬儀会社のスタッフに任せることが増えています。

世話役の種類と役割

世話役を頼む

金銭に関わる係は身内に依頼を

最近では葬儀会社が世話役の行う実務をこなしてくれますが、自分で依頼する際は故人の友人や親しい近隣の人など、故人や遺族の事情に詳しい人に頼みます。また、香典の管理などの金銭に関わる部分は身内に依頼した方がよいでしょう。

世話役の種類

世話役代表	世話役をまとめる代表役。世話役の中でも経験豊かな年長者で、遺族の事情をよく知る人を選びます。
受付会計	参列者から香典や供物を受け取る。金銭を取り扱うので、特に信頼のおける2人以上に頼みます。
返礼品	参列者それぞれに会葬礼状や返礼品、即日返しの香典返しなどの品物を渡す係です。
接待	通夜ぶるまいの準備など、裏方の仕事を担当する。僧侶や参列者にお茶を出すといった接待も行います。
会場整理道案内	駅や駐車場から会場までの道案内のほか、会場内で参列者を席まで促し、人の流れを整理します。

Q&A 世話役の服装はどうする？

世話役は参列者を招く遺族側の立場になります。服装は必ず喪服を着用し、喪章をつけましょう。また、接待役は台所に入るので地味な平服に無地の黒もしくは白のエプロンをつけます。

これだけは知っておこう！ 喪主の決定

❶ 案内状を出すならそれまでに決定

参列者の人数が決まれば通夜や葬式の案内状を出すことも。喪主の名で出すのが通常なので、それまでに喪主を決定します。

❷ 喪主は故人に最も近しい人に

一般的に故人に最も近しい人が喪主を務めます。配偶者、長男・長女、親、故人の兄弟姉妹の順が一般的。

❸ 喪主は葬儀当日実務を行わない

喪主は故人に代わって弔問を受けます。通夜・葬儀では祭壇前に着席するため、当日の実務は世話役に任せます。

05

通夜・葬儀の方針を決める

通夜・葬儀を行う際に、宗教の確認、形式と規模、予算、会場は最初に決めておきたい項目です。故人の意思を尊重し、遺族間で話し合いましょう。

死後
すみやかに

方針は葬儀会社に相談する前に決めましょう

通夜や葬儀を執り行うにあたり、決めておかなければならないことがたくさんあります。通夜や葬儀の方針は、故人の意思を尊重しつつ喪主が判断するのが基本ですが、トラブルを避けるためにも事前に遺族間で話し合ったほうがよいでしょう。

宗教、形式、規模、予算などの条件をすべて検討したら式場を選択します。都市部では自宅や寺院ではなく斎場で葬儀を行うことが増えていますし、費用を抑えたい場合にはマンションの集会所や、公民館などの公共施設を利用することもできます。

日取りには注意が必要で、時期や場所によっては、式場が混んでいたり宗教者の都合がつかなかったりするというケースもありえます。

近年、伝統的な形式にとらわれない新しいスタイルの葬儀が浸透しつつあります。故人の趣味などを反映させてオリジナルの式を作る「自由葬」や、家族や親しい友人のみで小規模に行う「家族葬」、通夜や葬式などの儀礼を省略して火葬のみを行う「直葬《ちょくそう》」などがあります。

葬儀の方針決定の流れ

❶ 喪主・施主の決定 …… ❶通夜・葬儀を執り行う喪主は故人に近しい配偶者や子、親です。

❷ 菩提寺の確認 …… ❷菩提寺《ぼだいじ》が遠方にある場合は、近隣の寺を紹介してもらいます。

❸ 宗教・宗派の決定（菩提寺がない場合） …… ❸故人の宗教を確認し、形式にあった通夜・葬儀の準備をします。

❹ 予算の決定 …… ❹通夜・葬儀全体にかかる予算を遺族で検討し、葬儀会社の見積もりをとります。

❺ 形式の決定 …… ❺故人に決まった宗教がない場合、自由葬や家族葬などを行うか検討してみてもよいでしょう。

❻ 規模の決定 …… ❻〜❽葬儀会社と打ち合わせをし、具体的に決めていきます。（P36参照）

❼ 会場の決定

❽ 搬送先の決定

葬儀費用の目安

宗教葬儀	150 〜 200万円
自由葬	内容により異なる
家族葬	30 〜 60万円
直　葬	20 〜 30万円

仏式以外の葬儀の弔い方は P44 へ

これだけは知っておこう！ 通夜・葬儀の方針

❶ 宗教をしっかり確認しよう

まずは故人が生前信仰していた宗教を確認します。特になければ、家族間で話し合い方針を検討しましょう。

❷ 宗教者のスケジュール確認

日程は宗教者の都合を考えて調整しなくてはいけません。前もって確認しておくと話し合いがスムーズに。

❸ 葬儀の予算は身の丈に合う額に

故人の意思と現状を考え身の丈に合った予算にします。葬儀以外にもお金がかかることがあります。（P30参照）

葬儀にかかる主な費用

式場利用料　5万〜数十万円

主に斎場や寺院、教会、集会場を使用します。近年は設備の整った火葬場と併設している斎場が主流です。規模により使用料は異なりますが、家族葬向けのリーズナブルな斎場も増えています。規模が大きくなるほど予算もかかるので、参列者の人数を確認してから決めるようにしましょう。

祭壇　20万円〜

伝統的な白木《しらき》祭壇と生花祭壇がありますが、金額は式場の広さに比例します。近年は都市部では生花祭壇が人気です。家族葬では棺のまわりにだけ花を飾るケースも。

棺　5万〜30万円

ラワン合板の表面に天然木を貼った合板棺や布を貼った布貼り棺などが一般的で5万〜10万円程度です。桐、檜などの天然木を使用した棺は高価で数百万円するものもあります。また、彫刻や内装が増えるほど高額になります。

遺影　1万〜3万円

昔は3万円前後の四つ切サイズが一般的でしたが、現在では自宅で飾ることを考え、2万円前後の六つ切サイズが好まれています。写真加工を依頼すると値段は変動します。薄暗い式場でも見やすい電飾仕様のものも。

骨壷　1万〜数十万円

主流の瀬戸の白覆《しろおお》いタイプは1万3千円前後です。有田焼や大理石になると値段が上がります。火葬場で購入する場合や、無料提供される場合もあるので葬儀会社に確認します。分骨する場合は専用の骨壷を別途購入する必要があります。

寝台車

10kmまで1万5千円ほど

病院から自宅や式場へ搬送する車両費です。寝台車にはワゴンやバンの普通車が使用されるため、相場には大きな差はありません。自家用車で故人を搬送しても法律には触れませんが、死亡診断書の携帯が必須なので注意しましょう。

霊柩車

10kmまで1万5千～4万5千円

自宅や式場から火葬場へ遺体を搬送する車両費です。値段は普通車か特別車かで大幅に異なります。特別車には宮型霊柩車《れいきゅうしゃ》やキャデラックなどの高級洋型霊柩車があり、4万5千円程度。同行するマイクロバスは3万5千円前後です。

火葬料

無料～5万円

火葬場には公営と民営があり、公営の場合は火葬料が無料となっているところも少なくありません。ただし、指定区域外の住民が利用する場合には別料金の扱いです。東京都では民間の総合斎場を利用することが大半です。

ドライアイス

1回5千～1万円

遺体を保存するためにドライアイスを使用します。パック料金に含まれるのは1日分の値段であることがほとんどのため、多くの場合追加料金が発生します。ドライアイスの重量や季節によって加算されることもあります。

火葬場休憩室使用料

数千～2万円

部屋の大きさにより使用料に幅があるため、確認が必要です。火葬している間に待機する控室としてたいていは利用し、別途飲食費がかかります。火葬料金が無料の施設では休憩室も無料となる場合があります。

ほかにも

- 通夜ぶるまい：ひとり3～6千円
- 会葬返礼品：ひとり千円ほど
- 世話役への心づけ：ひとり3千円
- 宗教者への支払い：宗教宗派などにより変わりますが30万～50万円
- 枕飾り：葬儀会社へ依頼する場合は1万～3万円
- 布団：貸し布団使用で1日1組3千円程度
- 位牌：種類により1万～10万円

06

葬儀会社を決める

葬儀会社は複数の候補から見積もり書を取ります。強引な勧誘はないか、追加料金が明朗か、親身に対応してくれるかなどを確認しましょう。

死後すみやかに

見積もり内容と対応を比較しましょう

一般的な葬儀会社のほかにも、互助会《ごじょかい》や共済、自治体の福祉サービスなどが葬儀を請け負っています。まずは、故人が生前会員になっていないかを確認し、複数社の条件を比較して決定しましょう。病院からの搬送を依頼した場合でも、必ずしもその業者に葬儀まで任せる必要はありません。

候補の葬儀会社が見つかったら、電話でプランを相談します。相談するときには、故人が亡くなった時間や安置場所などの情報のほか、親族や会葬者の人数、予算や形式などの希望を簡潔に伝えましょう。比較のポイントは、金額などの条件面だけでなく、業者の雰囲気にも注目することです。

葬儀会社を決めたら担当者に来てもらい、葬儀について具体的に決めます。葬儀までに複数回の打ち合わせを行うのが一般的です。このとき、わからないことがあれば何でも質問するようにします。費用については特によく確認しておきましょう。また、必要のないサービスは勧められても断ることが大切です。

葬儀会社を選ぶポイント

葬儀会社の種類

専門業者	知識が深く幅広いニーズに応えられます。
互助会	故人が生前に会員になっていれば依頼できます。遺族が支払う葬儀費用は少なくてすみます。
生協・JA	主に組合員が利用できます。値段が割安で料金、内容がはっきりしています。
自治体	遺影の準備や役所の届出などのサービスはありませんが、安価で行えます。
大手スーパーチェーン	葬儀自体は提供先の葬儀会社が行います。比較的割安で、内容もはっきりしたものが多いです。
格安葬儀会社	通夜や告別式を行わない代わりに、安価で行えます。斎場が限定されるので注意が必要です。

見積もり時にチェックしたいこと

- □ 店舗もしくは事務所があり、所在地と固定電話の記載があるか
- □ こちらの希望を親身に聞いてくれるか
- □ しつこく高いプランを勧めてこないか
- □ 葬儀会社にとって利益の少ない葬儀を希望しても丁寧に対応してくれるか
- □ セット料金に含まれる部分と含まれない部分の説明が明確か
- □ 追加料金のおおよそを教えてくれるか
- □ 不自然な値引きはないか
- □ 打ち合わせ日も当日も同じ担当者が対応してくれるか

これだけは知っておこう！ 葬儀会社の決定

❶ できるだけ情報を集める

近隣の葬儀会社にあたったり知人に紹介してもらったりして集めます。インターネットを利用する人も増えています。

❷ その場の空気に流されない

時間に制約があるため強引な葬儀会社に流されてしまうことがあります。はっきりと断る勇気も必要です。

❸ 打ち合わせは複数の遺族で

葬儀会社との打ち合わせはひとりでは正しい判断ができない場合も。複数の遺族で話を聞くようにしましょう。

死後すみやかに

07 通夜・葬儀の準備をする

ほとんどの作業は葬儀会社が行います。遺族は参列者への葬儀の連絡、遺影用の写真や故人の経歴、喪服の用意、弔辞の依頼などを行います。

葬儀会社に従い スムーズに用意を進めます

まずは通夜と葬儀の日時を決定しましょう。葬儀会社が式場と火葬場に問い合わせて調整してくれます。準備を進めるにあたって、遺族は葬儀会社から遺影として使用する写真と故人の経歴を求められます。

遺影は故人らしさがよくあらわれているものを選び、出身校や勤務歴などを簡単にまとめて葬儀会社に伝えましょう。

また、通夜や葬儀の当日までには喪服を用意します。遺族の喪服は、かつては和装が一般的でしたが、現在は和装、洋装どちらでも構いません。

通夜や葬式に参列してほしい親族や知人がいる場合は、日時と場所を知らせます。連絡は電話で行い、遠方から参列予定の人には最寄り駅や交通手段なども伝えておきます。

また、通夜や葬儀の際にお世話になった人にはいくらかの金額を「心づけ」として渡す習慣があります。喪主や遺族は葬儀当日慌ただしいので、事前に葬儀会社の担当者へ預けて渡してもらいましょう。

▼心づけを渡す人リスト（P204）

通夜までにすませておくこと

葬儀会社が準備してくれること

- □ 会場の準備
- □ 受付の設置
- □ 駅からの案内看板設置
- □ 火葬場・霊柩車《れいきゅうしゃ》の手配
- □ 葬儀に必要なものの用意

［●遺影　●座布団　●芳名帳《ほうめいちょう》
●遺族用喪章　●筆記用具
など］

Q&A

心づけの相場は？

- ●霊柩車の運転手：3千～5千円
- ●火葬場職員：3千～5千円
- ●世話役：3千円が目安
代表役には5千円ほど
- ●葬儀会社の担当者：(渡す場合は)
5千円ほど

遺族が準備すること

- □ 葬儀会社への依頼
- □ 会場・日時の決定
- □ 宗教者へ連絡
- □ 遺族代表挨拶の検討
- □ 通夜・葬儀の案内を出す
- □ 喪服の用意
- □ 世話役の手配
- □ 弔辞の依頼
- □ 席次や供花《くげ》の配列決定
- □ 葬儀費用を引き出す
- □ お布施や心づけの準備
- □ 香典返しを当日にするか決定しその手配をする
- □ 遺影用の写真の選定
- □ 戒名の依頼
- □ 故人の経歴をまとめる
- □ 通夜・通夜ぶるまいの確認

これだけは知っておこう！ 通夜・葬儀の準備

❶ 通夜・葬儀の日時を決定する

葬儀会社が式場と火葬場に問い合わせ、通夜・葬儀の行える日時を調整してくれるので、お任せします。

❷ 遺影はピントが合っているものを

引き伸ばして使用するので顔にピントが合っていることが条件です。背景や写り込みは加工することができます。

❸ お礼は多めに用意しておく

通夜・葬儀を手伝ってくれる人は途中で増えることもあるので、あらかじめ多めに新札を準備しておきましょう。

通夜・葬儀の準備

段取りの確認

葬儀会社との打ち合わせで、遺族が準備すること（P35参照）を確認します。また、葬儀・告別式全体の流れ、焼香のタイミングや順番も把握しておきます。出棺前に行う遺族代表の挨拶（P40参照）の文面の用意も必要です。

案内状を出す

会葬者のリストを作り、電話、メールまたははがきなどで、葬儀・告別式の日程をお知らせします。案内状の文面は葬儀会社が文面の形式例を持っていることが多いので、確認してみましょう。

遺族の喪服

遺族は、通夜、葬儀・告別式いずれも正式な喪服で参加します。用意できない場合、準喪服、略礼服でも構いません。

参列者も黒や紺の喪服を着ているので、ひと目で遺族とわかるように左胸に喪章、または左腕に腕章をつけます。これは、葬儀会社が用意してくれます。

突然死など急な不幸で喪服の準備がない場合は、葬儀会社や礼服レンタル店で借りるように手配しましょう。

男性

モーニングコートが正式ですが、現在はブラックスーツが一般的です。和装の場合は、黒羽二重地の染め抜き五つ紋付きの着物と羽織になります。

女性

洋装の場合、黒のワンピース、アンサンブル、ツーピースの順で格があります。和装の場合は羽二重または一越ちりめんの黒無地染め抜き五つ紋付き着物。

戒名の依頼

仏式の場合、通夜までに「戒名《かいみょう》」をつけます。戒名は仏の弟子としての名前で、菩提寺《ぼだいじ》に依頼してつけてもらいます。戒名には格があり、謝礼（お布施として支払う）の額も変わってきます。親戚などに相談して相場を確認するか、僧侶に直接確認してみてもよいでしょう。戒名は義務ではありませんが、菩提寺に納骨できなくなることもあるので、受けていたほうが無難です。

＝戒名の仕組み＝

○○院	**院号** 住まいをあらわすもの。ランクの高い戒名につく。
××	**道号** 仏に入った印。
□□	**法号** 基本2文字でこれが戒名にあたる。
居士	**位号** 仏教徒としての位。女性は「大姉」。

弔辞の依頼

弔辞は葬儀の最後に故人に捧げる別れの言葉です。故人と深い親交のあった人に依頼します。故人が現役世代ならば、勤務先の上司などに頼むこともあります。挨拶文の用意が必要なので、早めに依頼し、持ち時間を伝えましょう。

納棺

遺体を棺に入れることです。本来は通夜は布団に寝かせ、葬儀前に納棺しますが、斎場などで通夜を行う場合は、通夜前に納棺します。まず、死装束に着替えさせ、死化粧をほどこして納棺し、ふたをして全員で合掌します。これが故人との最期の触れ合いになります。

通夜と通夜ぶるまい

葬儀前夜、故人と親しかった人たちが集まって最期の一夜を過ごすのが通夜です。仏式の場合、通夜では僧侶による読経、焼香、僧侶の法話、喪主の挨拶で終了です。その後、焼香を終えた弔問客に料理をふるまう「通夜ぶるまい」を行うこともあります。通夜の最中は、遺族は故人と最期の時間を過ごすため、故人から離れないようにします。弔問客の対応は世話役や葬儀会社に頼みましょう。

08

葬儀・告別式を執り行う

最近では葬儀と告別式を一緒に行うのが一般的になっています。宗派によって内容が異なるので、葬儀会社に相談して執り行いましょう。

死後2日

葬儀と告別式を一緒に行うケースが増えています

仏式の「葬儀」は、故人をあの世へ送り冥福を祈るための儀式です。「告別式」は参列者が故人にお別れを告げるための式典で、最近では同時に行われるのが一般的です。

葬儀の進め方は宗派によって異なりますが、僧侶による読経の後、弔辞や弔電の披露、参列者による焼香と続き、喪主の挨拶、出棺が主な流れです。葬儀後は火葬や精進落としなどが控えているため、時間配分にも注意しながら式の進行を行う必要があります。事前にしっかりと葬儀会社の担当者と確認をしておきましょう。

葬儀中の焼香の順番は、僧侶の後に喪主から血縁関係の深い順番に行います。参列者が焼香するとき、遺族に目礼します。このとき、遺族は毎回、座ったまま目礼を返します。参列者から声をかけられた場合は、手短かに、感謝の気持ちを述べましょう。

葬儀中、式の進行や参列者への対応は基本的に遺族は行いません。世話役や葬儀会社の人に任せます。

葬儀の式場での席順

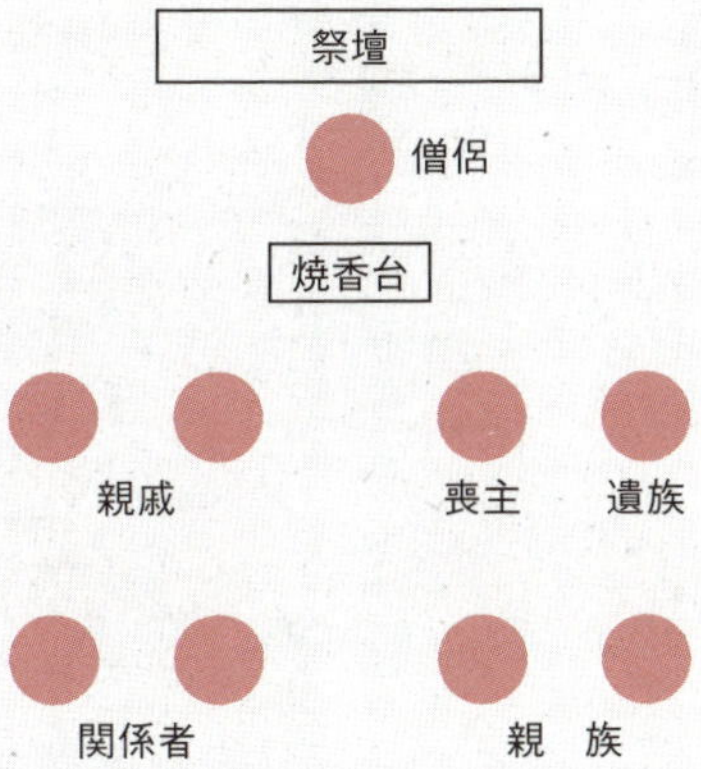

喪主と遺族は最も棺に近い位置に

通夜、葬儀ともに席次は同じで、喪主と遺族は最も棺に近い席に座ります。

祭壇に向かって右側の焼香台に近い位置から喪主、遺族、親族が血縁の順に並び、左側には世話役や親戚が並びます。一般の参列者が座るのは後方の席です。

弔辞と弔電

弔辞は持ち時間を伝える

弔辞とは故人に捧げる別れの言葉のこと。弔辞の人数は２人が一般的です。依頼する際は持ち時間を伝えておきましょう。

弔電は割愛することも

弔電は５通ほどを代表として司会者が奉読します。ただし、出棺時間との関係で割愛される場合もあります。

これだけは知っておこう！ 葬儀・告別式

❶ 打ち合わせは念入りに

供花の並び順や弔辞を依頼した人の名前、弔電の順番などを、対外的に失礼のないよう入念に確認しましょう。

❷ 焼香は喪主が最初に行う

焼香は抹香を使います。通夜、葬儀ともに司会者や僧侶の合図で喪主、遺族、親族、参列者の順に行います。

❸ 参列者の対応は任せる

遺族は葬儀の進行が滞らないように素直に式次第に従います。参列者の対応は世話役や葬儀会社へ任せます。

09

出棺の挨拶をする

出棺前には故人に近しい人が最後のお別れをする「お別れの儀」があります。その後、棺のふたをして霊柩車に運び込んだ時点で喪主が挨拶を行います。

死後2日

地域によって作法が異なるので確認しましょう

葬儀・告別式を終えたら遺体を火葬するために棺を霊柩車《れいきゅうしゃ》に乗せて火葬場へ向かいます。出棺前に遺族と近親者、特に親しい友人などで故人と最後の対面を行うのが「お別れの儀」です。祭壇の前に集まり、喪主から順に棺に生花を添えます。故人のゆかりの品を納めることも少なくありません。全員終えたら棺にふたをして閉じます。

その後、棺を式場から搬出して霊柩車に納めます。棺の搬出は男性遺族や親しい友人など5〜6人で行います。関東では遺体の足を前に、関西では頭を前に運ぶのが一般的です。

このとき喪主は位牌を、遺族は遺影を持って続きます。霊柩車に棺を納めたら、喪主が参列者に故人に代わって感謝とお礼の気持ちを込めて挨拶をし、一礼してから火葬場へ移動します。

出棺が遅れると火葬ができなくなるため、出棺にまつわる風習は省略される傾向にありますが、地域によっては大切に守っていることもあるので、行うかどうか葬儀会社と事前に確認しましょう。

出棺までの流れ

❶ 告別式終了

↓

❷ お別れの儀

↓

❸ 棺の搬出

↓

❹ 喪主の挨拶

↓

❺ 出棺

❷の「お別れの儀」では、一般的には葬儀会社が黒盆に花の輪（茎を取った花）を用意し、棺に花を入れて故人とお別れします。「別れ花」と呼びます。

出棺前の挨拶

本日はお忙しい中、父、洋介の葬儀並びに告別式にご参列いただきまして、ありがとうございました。

故人も皆様のご厚情に深く感謝していることと存じます。

お陰様で、滞りなく葬儀を執り行わせていただくことができました。

どうぞ残された私どもに対しても、生前と変わりなき皆様のお力添えをよろしくお願いします。

これをもちまして、挨拶とさせていただきます。

※弔事の挨拶文では、苦しみを連想させる「四」「九」、くり返しをイメージする「たびたび」などの忌み言葉は避けます

これだけは知っておこう！ 出棺

❶ 火葬までの時間を確認する

出棺が大幅に遅くなると火葬ができなくなる場合もあります。時間が押しがちになるので注意しましょう。

❷ 棺を出すときの向きに注意する

棺を霊柩車に運ぶとき、関東では遺体の足を前に向けますが、関西では逆に頭が前になるので、確認しましょう。

❸ 留守番役は還骨法要の準備

火葬場へ行かずに残った人は、葬儀会社の担当者に従い還骨法要（P48参照）のための準備をします。

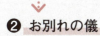

死後2日

10 火葬を執り行う

火葬をするためには「死体火葬許可証」が必要なので持参します。火葬には1時間前後かかるので、待機時間に応じたもてなしの準備も。

火葬許可証は忘れず用意し必ず持ち帰りましょう

火葬場に着いたら炉の前に棺を安置し、祭壇用の机に位牌や遺影などを並べて最後のお別れをします。これを「納めの式」といいます。僧侶が同行している場合は読経と同時に焼香を行い、棺を炉に納めるときは合掌して冥福を祈ります。

焼香は喪主、遺族、親族と故人との関係が深い人から順に行うのが普通です。

火葬には1時間前後かかります。待つ間、遺族は控え室に用意した菓子や酒で参列者や僧侶をもてなします。火葬の後、最後に行うのが遺骨を骨壷に納める「骨上げ」です。遺骨は2人1組で箸で拾います。どの骨を拾うかは係員の指示に従いましょう。分骨は事前依頼が必要になるので、希望がある場合は葬儀会社に依頼しておきます。

火葬が始まる前に火葬場に「死体火葬許可証」(P24参照)を提出し、帰る際には押印されたものを忘れず受け取りましょう。返却されたものが「埋葬許可証」となります。死体火葬許可証は事前に葬儀会社に預けておいてもよいでしょう。

仏式の火葬の流れ

❶ 納めの式

焼香台に位牌と遺影を置き、僧侶の読経とともに、順番に焼香します。

❷ 僧侶読経

（僧侶が同行する場合のみ）

❸ 火葬

控室へ移動し、僧侶と同行者を菓子などでもてなします。

❹ 骨上げ（収骨）

「骨上げ」の儀式は、この世からあの世へ向かう故人に三途の川の川渡しをしてあげるという意味があります。

❺ 還骨法要・精進落とし

（P48参照）

Q&A 火葬場に行かない留守番役の親族はどうする？

葬儀後、火葬場へは行かずに残る親族は、まず火葬場へ出発する参列者を見送ります。その後は、自宅で行う還骨法要の準備があるので、葬儀会社の担当者に従い準備をします。

これだけは知っておこう！ 火葬の流れ

❶ 火葬許可証を忘れずに

死亡届（P24参照）提出の際に申請した火葬許可証を火葬場に持参します。葬儀会社に預けておくと安心です。

❷ 火葬中は控え室でもてなす

約1時間かかる火葬の間は、控え室に移ります。僧侶や参列者を菓子などでもてなして、故人を偲びましょう。

❸ 仏式以外の火葬は事前に連絡を

火葬場には仏具が用意されていることが多いので、仏式で行わない場合は事前に葬儀会社へ伝えましょう。

仏式以外の葬儀の執り行い方

神式

仏式の通夜にあたる「通夜祭」と「遷霊祭《せんれい》」を行います。神道では死を穢《けが》れととらえるため、神社では行えません。自宅か斎場を会場にします。儀式の前に「手水《ちょうず》の儀」で手と口を洗い清めてから始まります。神官による「修祓《しゅばつ》の儀」や「祭詞《さいし》奉上」などの儀式を行い、霊璽《れいじ》（仏式の位牌）に故人の御霊《みたま》を移す「遷霊の儀」を行って終了です。翌日に「葬場祭」を行います。

キリスト教式

カトリックでは通夜にあたるものを「通夜の集い」、葬儀は「葬儀ミサ」といいます。プロテスタントの場合は「前夜祭」「葬儀式」と呼びます。死を悲しむのではなく、天に召されたことを祝福します。もともとキリスト教には葬儀はないので、厳格なしきたりはありません。また、喪主ではなく宗教者が主催となります。式の内容には、聖歌や賛美歌を歌ったり、献花をしたりと独特の弔い方があります。参列者にはキリスト教に詳しくない人もいるので、献花の仕方などを記した紙を用意するなど配慮が必要です。

Q&A

神式・キリスト教式の火葬はどうする？

多くの火葬場では仏式の用意がされているので、事前に葬儀会社へ知らせ手配してもらう必要があります。神式では、斎主が祭詞を献上など、キリスト教では祈祷などの儀式を行ってから火葬をします。

無宗教葬・自由葬

宗教にとらわれず自由な形式で行う葬儀のことです。故人の好きだった音楽を流したり、ゆかりのある場所を会場にしたり、故人の趣味を反映させた装飾にしたりと、さまざまな趣向で葬儀を執り行います。

基本的な流れは、開式の辞→黙とう→故人の略歴紹介→追悼の言葉→献花・焼香というのが一般的です。略歴紹介では、故人の写真をスライド上映したり、音声や動画を使用したりと、工夫を凝らして丁寧に伝えるのも人気です。無宗教葬はよく思わない参列者もいるので、あくまで故人の希望を反映させて行い、遺族が勝手に推し進めてはいけません。故人が偲ばれるような内容を企画にし、周囲への周知をして理解を求めましょう。

家族葬

遺族、親族、特に親しい友人など、ごく限られた関係者のみで行う通夜・葬儀のことです。最近は高齢化や核家族化などで参列者が減ったこと、親しい身内だけで静かに見送りたいと望む人が増えたため、家族葬が増加の傾向にあります。弔い方やプランはさまざまなので、葬儀会社に相談して進めましょう。

直葬

通夜や葬儀などの宗教的な儀式を省き、火葬のみを行うケースのことです。費用は安くすみますが、親族の反発を招くこともあるので、説明して理解を求めましょう。また、火葬後に知人などが弔問に訪れることがあるので、個別に対応する必要があります。

マンションでの自宅葬

マンションの場合、エレベーターに担架などが入る仕組みがあれば棺が運べるので高層階でも葬儀は可能です。また、祭壇や遺族が座ることを考えると12畳ほどのスペースが必要です。マンションの集会場を使えるか管理会社に確認してもよいでしょう。

11

葬儀費用を支払う

葬儀の費用には、宗教者への謝礼やオプション費用なども含まれます。葬儀が終わったらすぐに支払うようにしましょう。

死後
14日まで

葬儀にかかる費用の内訳を確認しましょう

通夜や葬式など一連の式を執り行うにあたっては、葬儀会社への支払いのほかにもさまざまな費用がかかります。葬儀費用総額の2014年の全国平均は189万円でした(日本消費者協会のアンケート調査結果より)。

葬儀費用は祭壇や棺などにかかる基本費用、オプションサービスにかかる費用、式場や遺体の搬送などにかかる費用、宗教者への費用、飲食代や香典などの接待費用に分けられます。直葬を除き、基本費用はどのような葬儀を行うにしても必要な部分なので、費用の総額を左右するのは、参列者の人数と項目ごとのランクになります。

現在は契約前に見積もりを示す業者が増えています。葬儀会社に見積もりを書面で出してもらい、基本料金以外の費用も確認しておいたほうが賢明です。

▼葬儀費用見積もりリスト(P202)

葬儀後は世話役から葬儀関係の事務手続きを引き継ぎ、請求書が届いたらすぐに支払うようにしましょう。葬儀費用は相続税の控除対象なので、領収書は保管します。

葬儀にかかる主な費用

① 葬儀会社への支払い

見積もり書と請求書を比べしっかり確認しましょう

請求書が届いたら見積もり書や明細書を照らし合わせながら内容に間違いがないか確認します。不明な点があれば支払い前に問い合わせましょう。

② 宗教者(寺、神社、教会)への謝礼

前もって用意して葬儀の終了後に渡します

葬儀の終了後に渡すことが大半です。付き合いが深い菩提寺《ぼだいじ》などに後日、挨拶回りの際に持参する場合は事前に伝えるようにしましょう。

こんな費用もかかる！

基本的な葬儀費用とは別に、料理などの手配を葬儀会社に依頼していれば立て替えていた額の請求がきます。追加で料金が発生することを考慮して費用は多めに用意していたほうが安心です。

- □ 通夜ぶるまいの飲食代
- □ 精進落としの飲食代
- □ 弁当や寿司など食事代
- □ 葬式まんじゅう（地域による）
- □ 会葬者が増えた分の追加飲食代

など

これだけは知っておこう！ 葬儀の費用

❶ 謝礼は参列者のいない別室で

宗教者への謝礼は葬儀終了後に宗教者の控え室など、参列者のいない場所でお礼を述べて渡しましょう。

❷ 別途の費用が必要だと知る

葬儀会社への支払いだけでなく、宗教者への謝礼、飲食代が別途必要になることを頭に留めておきましょう。

❸ 費用の捻出について考える

葬儀費用は平均200万円と高額です。支払いが難しい場合は香典や相続財産などから支払うことも検討します。

12

初七日法要を執り行う

故人が亡くなった日から数えて7日後に法要を行う「初七日法要」は、最近では火葬後の「還骨法要」と一緒に行うことが多くなっています。

死後7日

還骨《かんこつ》法要は初七日《しょなのか》を兼ねることも多いです

火葬を終えたら、喪主が遺骨を抱えて帰途につきます。

かつては、自宅に戻って「還骨法要」（遺骨を祭壇へ安置する法要）を行い、故人が亡くなった日から数えて7日後に「初七日」の法要を行うのが一般的でした（仏教では7日ごと7週間に渡って法要を営むのが正式とされる）。

しかし近年では、7日後に再び集まるのが難しい遠方からの列席者に対する配慮や、会場の都合によるため一緒に行うケースが増えています。

初七日を葬儀中にくり上げたり還骨法要と兼ねたりする場合にも当日、「精進《しょうじん》落とし」をふるまいます。

精進落としは本来、忌中の精進料理から通常の食事に戻る際のけじめのために行われていました。

精進落としの席では、遺族はもてなす側となります。なるべくひとりひとりの席を回って酒や料理を勧めながら、無事に葬儀を終えたお礼を述べます。閉会時には、喪主が改めてお礼の言葉を述べるようにします。

初七日法要と精進落とし

くり上げ初七日法要

初七日を兼ねた還骨法要は、火葬後に葬式を行った式場で行います。僧侶による読経と焼香を行ったら法要は終了し、これをもって葬儀もすべて終了となります。また、初七日の法要は火葬前にくり上げて行い、還骨法要は省略することもあります。

POINT

お清めは行わないこともある

火葬場から帰った人は家に入る前に塩でお清めをしますが、死を「穢《けが》れ」とせず省略する宗派もあります。

精進落とし

本来は故人の忌《き》明《あ》けの四十九日目に行う食事会でしたが、現在は世話役や親族などお世話になった人へのお礼として葬儀当日に行います。料理は仕出しなどを利用するとよいでしょう。精進落としは1～2時間で終えるのが目安で、地域によっては粗品を用意することもあります。

POINT

レストランなどお店で行う場合も

還骨法要を斎場で行うケースが出てきており、精進落としもレストランなどお店に行くことが多くなってきました。

これだけは知っておこう！ 初七日法要

❶ くり上げて行うのが最近の主流

遠方の参列者への配慮などから、初七日と精進落としをくり上げて、火葬後の還骨法要に兼ねることが多いです。

❷ 挨拶は形式ばらなくてよい

精進落としの際の挨拶は出棺の挨拶のように形式ばる必要はありません。感謝の意を伝える程度にします。

❸ 精進落としは遺族は末席に

遺族はもてなす側なので、精進落としのときには末席に座るのがマナー。席を回ってお礼をし、酒を勧めます。

13

挨拶回りと香典返しを行う

挨拶回りは初七日までに、香典返しは忌明けにするのが決まりです。ただし、最近では通夜・葬儀の場で香典返しを渡す「即日返し」が増えています。

葬儀翌日〜初七日まで／即日または忌明け

初七日《しょなのか》までに挨拶回りをすませましょう

葬儀を終えたら、喪主と遺族は挨拶回りを行います。できれば葬儀の翌日に、遅くとも初七日までにすませましょう。

挨拶回りはまず宗教者から行い、その後世話役などでお世話になった人を回ります。ただし、葬儀当日に謝礼や御車代を渡すことで、宗教者や世話役への挨拶回りに代えることも多くなっています。

香典返しは香典の3〜5割の金額にします

「香典返し」とは香典のお礼として品物を渡すことです。四十九日の法要後に忌《き》明《あ》けの挨拶状を添えて送ります。

香典返しは頂いた香典の3〜5割程度の金額の品にするのが一般的で、茶葉や海苔など食料品が定番です。なお、葬儀当日に、あらかじめ用意しておいた香典返しの品を渡す「即日返し」をするケースも増えています。

香典返しは必ずしなければならないものではありません。今後の生活費にあてる場合や慈善団体などに寄付する場合は、その旨を記したお礼状を送ります。

挨拶回りのポイント

前もって伺いを立てるのを忘れないように

挨拶回りは前もって連絡を取り、相手の都合を確認します。服装はブラックフォーマルが基本ですが、葬儀から2～3日たっている場合は地味な平服でも構いません。特にお世話になった人や勤務先には、菓子折りなどの手土産を持参します。供《く》花《げ》や弔電を送ってくれた人には挨拶の代わりにお礼状を送りましょう。

挨拶が必要なところ

宗教者

近年は葬儀当日に謝礼を渡すので割愛されることが多くなっています。ただし、付き合いの深い菩《ぼ》提《だい》寺《じ》の場合は挨拶に伺いましょう。

世話役

世話役にはひとり3千円、代表には5千円ほどを心づけで渡します。それに加え、葬儀当日に「御車代」を渡し、挨拶回りをしないケースも増えています。

故人の勤務先

故人が会社に勤めていた場合は事務手続きを兼ねて挨拶に行きます。手続きに必要な印鑑などを持参し、丁寧にお礼を述べて私物を引き取ります。

POINT

勤め先で確認すること

- 社員証、名刺、鍵、備品、健康保険証などの返却
- 死亡届、年末調整に必要な書類などの提出
- 退職金の依頼
- 健康保険や年金の手続きについて　など

これだけは知っておこう！

挨拶回り・香典返し

❶ 長居はしないよう注意する

挨拶回りでは故人の話を長々としたり、悲しむ気持ちを相手にもらさないように注意を。10分程度で引き上げます。

❷ 高額な香典には改めてお礼を

即日返しの品物の金額が香典の1/3に満たない場合（1万円を超える額）は、忌明けに再度香典返しを送りましょう。

❸ 香典返しをしないときはお礼状を

香典返しができない場合は、お返しがない理由を明記し、お詫びと会葬への感謝を添えたお礼状を送ります。

COLUMN 1
こんなとき
どうする？

病院以外で亡くなったら

自宅で亡くなった

死亡を確認したら、かかりつけの医師がいればすぐに連絡し、死亡診断書を作成してもらいます。突然死または自殺の場合は、故人には触れないように注意し、すぐに警察へ連絡をして、警察医に来てもらいます。

海外で亡くなった

国によって手続きが異なるので、まずは大使館へ連絡をします。現地で死亡診断書や死体火葬許可証をもらう手続きを行います。遺体を現地で火葬し、遺骨を持ち帰るのがほとんどです。

変死した

明らかに病死ではない、事故死・他殺死・自殺死などの状態を変死といいます。警察へ連絡し、司法解剖をして死因を調べなければなりません。事件性がない場合は家族へ遺体が引き渡されます。

旅行中など遠方

遺体を搬送するのは費用がかかるので、現地で死亡届を提出し、仮通夜や密葬を行い、遺骨を自宅に持ち帰るのが一般的です。自宅近くで本葬を行う場合、葬儀会社へ依頼します。

故人が臓器提供を希望していたら？

生前に故人が臓器提供を望んでいた場合、心停止する前に、早めに医師へ申し出ます。心停止後、または脳死状態で臓器の摘出手術が行われます。臓器提供の意思は、家族に伝えているか、健康保険証などの裏にある「意思表示欄」に記載されているか、「臓器提供意思表示カード」を持っていることで確認されます。

臓器提供意思表示カードは、市区町村役場の窓口、保健所、運転免許試験場などに設置されている。

第2章

葬儀後の手続き

葬儀後に行う手続き一覧

	期限	窓口	チェック欄
	死亡日から14日以内	市区町村役場の窓口	
	なるべく早く	電力会社営業所	
	なるべく早く	水道局	
	なるべく早く	ガス会社営業所	
	なるべく早く	NHK 名義変更フリーダイヤル	
	なるべく早く	大家や不動産管理者	
	なるべく早く	各保険会社	
	相続税申告（相続開始から10カ月以内）が目安	相続人確定後に陸運局、または運輸局事務所	
	相続税申告（相続開始から10カ月以内）が目安	NTT営業所	
	資格喪失日の翌日から5日以内	故人の勤務先	
	死亡日から14日以内	市区町村役場の窓口	
	資格喪失日の翌日からなるべく早く	市区町村役場の窓口	
	資格喪失日の翌日からなるべく早く	市区町村役場の窓口	
	死亡日から1カ月以内	警察署（公安委員会）	
	なるべく早く	各発行元	
	なるべく早く	各都道府県庁の旅券課（パスポートセンター）	
	なるべく早く	市区町村役場の窓口	
	死亡日から1カ月以内	発行元	
	次の引き落としの前に	携帯電話会社など	
	なるべく早く	市区町村役場の窓口	
	なるべく早く	各発行元	
	支払日から2年以内	市区町村役場の窓口	
	支払日から2年以内	健康保険組合、協会けんぽなど	
	死亡日から2年以内 （保険会社によっては3年）	各保険会社	
	死亡日から5年以内	郵便局の保険担当窓口	
	死亡日から5年以内	労働基準監督署	
	葬儀を行った翌日から2年以内	市区町村役場の窓口	
	死亡日の翌日から2年以内	故人の勤務先の健康保険組合、または勤務先を管轄する年金事務所	
	死亡日の翌日から2年以内	労働基準監督署	
	相続開始を知った翌日から4カ月以内	税務署	

手続き			
名義変更	世帯主変更届		
	公共料金	電気	
		上下水道	
		ガス	
		NHK受信料	
	住宅賃貸契約		
	故人が契約者で故人以外が被保険者の保険契約		
	自動車		
	電話加入権（NTT固定電話）		
返却	保険証	健康保険証	
		国民健康保険証	
		後期高齢者医療被保険者証	
		介護被保険者証	
	運転免許証		
	調理師免許などそのほか免許		
	パスポート		
	住民基本台帳カードなど公共機関の発行物		
解約・停止	クレジットカード		
	携帯電話・インターネットの契約		
	印鑑登録証明書		
	そのほかスポーツジムやデパートなどの会員証		
請求	高額療養費	国民年金または後期医療	
		健康保険	
	死亡年金	生命保険	
		簡易保険	
	遺族補償給付など労災保険の補償		
	葬祭費	国民保険または後期医療の場合	
	埋葬料	健康保険の場合	
	葬祭料・葬祭給付	労災保険が適用される場合	
そのほか	準確定申告		

01

遺品整理と形見分けを行う

遺品整理と形見分けは、四十九日法要が終わってから行います。分類が難しい場合は、専門の業者に依頼することをおすすめします。

死後
49日以降

捨ててはいけないものもあるので慎重に仕分けます

忌明《きあ》けの四十九日《しじゅうくにち》法要が過ぎたら、故人の遺品整理を始めます。たくさんの遺品を上手に整理する際には、「処分するもの」「保存するもの」「人に譲るもの」の3つに分類するのがポイントです。

実印や預金通帳、株券など遺産に関係ある品はもちろん、故人の日記や手帳、手紙は必ず保管しておきましょう。

遺品があまりに多かったり、遠方に住んでいてなかなか行えない場合は、遺品整理の専門業者に依頼するのもおすすめです。

形見分けは相手に喜ばれるものを選びます

故人が生前愛用していたものや、思い出のものを、親交のあった友人や親族に分けて贈ることを「形見分け」といいます。

故人の愛用品であっても、壊れたり汚れたりしているものは避け、衣類はクリーニングに出すなど、きれいにしてから渡すのがマナーです。また、形見分けは故人から見て目下の人に渡すのが通例。目上の人には贈りません。

遺品整理の進め方

業者へ依頼する場合の遺品整理の流れ

❶ 業者の見積もり
↓
❷ 業者を決定
↓
❸ 打ち合わせ
↓
❹ 遺品整理・仕分け
↓
❺ 遺品の搬出・掃除
↓
❻ 遺品発送・処分

遺品整理と分類

貴重品	現金、実印、預金通帳、株券、借用書、証券、日記、手帳、手紙など	保存する
仕事関係	契約書、領収書、帳簿などの経理書類	保存する
家具・衣料品	家具、アルバム、日用品、衣類、思い出の品など	必要のないものは処分
趣味・嗜好品	着物、蔵書、コレクション品（骨董品、おもちゃなど）	形見分け・寄贈してもOK

POINT

パソコンの処理は要注意

パソコンはファイル上のデータを削除しただけでは、ハードディスク上にデータが残ります。個人情報保護のため、専門業者に処分を頼みましょう。

これだけは知っておこう！ 遺品整理と形見分け

❶ 仕事関係の品は慎重に処分を

仕事関係の書類は保存期間が義務づけられている場合も。会社へ確認し、税理士などに相談してもよいでしょう。

❷ 日記、手帳、手紙は必ず保存する

遺言書の文字の照合や預貯金の捜索など、さまざまな場面で必要になる場合があるので、1年ほどは保管します。

❸ 贈る相手には前もって連絡を

遺品を渡したい相手には前もってその旨を伝えます。断られたときは無理を言わないようにしましょう。

02

故人の口座はいつ凍結される？

金融機関へ名義人の死亡の事実を連絡することで、口座は凍結されます。預貯金を引き出すには解除の手続きが必要です。

名義人の死亡確認後すぐ

故人の口座は凍結され手続きには時間がかかります

金融機関は、名義人の死亡を知った時点で、預貯金が勝手に使われるのを防ぐために口座を凍結する義務を負います。

口座が凍結されると入送金ができなくなるので、故人名義の口座を引き落とし先に指定しているライフラインなどの料金はすぐに変更しましょう（P60参照）。遺産相続が完了して口座からお金を引き出せるようになるまでには数カ月かかります。

金融機関が名義人の死亡を知るのは、遺族からの申告による場合がほとんどです。従って、実際には申告前であれば現金を引き出すことが可能です。

この場合、ほかの遺族とのトラブルを防ぐため、引き出す金額、理由を事前に伝えて了承を得るようにしましょう。

遺産分割協議の完了前であっても、葬儀費用や生活費などの理由を伝えれば引き出しに応じてもらえることもあります。ただし、相続人全員の同意書や戸籍謄本などの書類が必要なので、家族に死期が迫っているとわかった段階で必要な金額を下ろしておくのがよいでしょう。

凍結後口座からの引き出し手続きの流れ

❶ 遺産分割を決定する

ゆうちょ銀行

❷ ゆうちょ銀行で「法定相続人」の同意書をもらう

❸ 必要なものを用意する

〈 必要書類 〉
①ゆうちょ銀行の「法定相続人の同意書」（相続人全員の署名と実印が必要）
②手続きをする代表者の認印（実印が必要とされる場合もある）と本人を証明するもの（運転免許証など）
③引き出しをしたい預金通帳

銀行

❷ 電話や窓口で必要書類を確認する

❸ 必要なものを用意する

〈 必要書類 〉
①故人の戸籍謄本または除籍謄本
②法定相続人全員の戸籍謄本
③法定相続人全員の印鑑登録証明書と実印
④手続きをする代表者の実印と本人を証明するもの（運転免許証など）
⑤引き出しをしたい預金通帳
⑥遺産分割協議書
※金融機関により異なります

❹ 窓口で手続きを行う

凍結解除には数カ月～半年かかることもあります。遺言書があれば遺言執行者（P116参照）の実印と印鑑登録証明書で引き出せるようになります。

これだけは知っておこう！ 故人口座の引き出し

❶ 自動引き落としに注意

料金の自動引き落とし先になっていると、未払いの状態になります。次の支払い日までに名義変更をすませましょう。

❷ 遺言書があればスムーズに

遺言書により遺言執行者の指定がある場合は、遺言執行者の実印と印鑑登録証明書があれば引き出せます。

❸ 凍結前に引き出す

故人の口座凍結前に引き出すことも可能です。ただし、引き出した預貯金は相続財産として申告が必要です。

03

名義変更を行う

公共料金の名義変更はなるべく早く、可能ならば次の引き落とし前までにすませます。不動産など相続に関わるものは相続税申告に合わせましょう。

世帯主変更は死後14日まで／次の支払いまで／相続税申告まで

なるべく早めにすませたい手続き

　葬儀の準備や後始末が一段落ついたら名義変更を行います。なるべく早く変更したほうがよいのは電気、ガス、水道、電話回線、ＮＨＫなどの契約です。電話で各社に問い合わせ、変更したい旨を伝えましょう。料金の引き落としを故人名義の口座に設定している場合は、その変更も必要です。

　また、故人名義で賃貸契約をしている場合も、なるべく早く不動産会社や大家に連絡します。世帯主が故人ならば死後14日以内に「世帯主変更届」を役所に出しましょう。ただし、残された世帯員がひとりだけの場合など、新たに世帯主となる人物が明白であれば届出は必要ありません。

相続後に行う手続き

　不動産、預貯金、株式、自動車などは、相続の対象となる財産です。相続が確定するまでは相続人全員の共有財産となるため、勝手に名義を変更することはできません。これらは変更手続きの期限が定められていないものがほとんどのため、相続税の申告、納税の期限である10カ月以内を目安に行いましょう。

名義変更チェックリスト

手続き内容	期限	必要書類	届け先
□世帯主の変更	死後14日以内	・世帯主変更届 ・本人確認書類 ・健康保険証（加入者のみ） ・印鑑	故人の住民票のある市区町村役場窓口
□電気代	可能であれば次の引き落としまで	・名義変更届 ・振替口座変更届 または解約の手続き ※電話ですむこともあり	電気会社営業所
□ガス代			ガス会社営業所
□水道代			水道局
□NHK受信料		NHK名義変更フリーダイヤルまたはインターネット上で変更可能	NHK
□故人が契約者の保険料		保険会社により必要書類が異なるので確認する	保険会社
□住居・駐車場の賃貸契約	なるべく早く	・名義継承願 ・戸籍謄本 ・住民票 ・所得証明書 ・印鑑登録証明書	・管理不動産会社または家主へ ・公団公営住宅は管理営業所へ ・借地の場合は地主へ
□自動車	相続税申告（相続開始から10カ月以内）が目安	相続権があることを証明する遺言書または遺産分割協議書、審判書のいずれか（相続手続きの必要書類はP136参照）	相続人確定後に陸運局・運輸支局事務所へ
□電話加入権（NTT固定電話）		・電話加入権継承届出書 ・戸籍謄本、遺言書など死亡の事実が確認でき、故人と相続人の両方の名前が記載されているもの	NTT営業所

「世帯主変更届」の書き方→ P182 参照

これだけは知っておこう！ 名義変更

❶ 口頭で手続きが終了する場合も

口頭で手続きが完了するものと書類の提出が必要なものとがあるので、担当者の指示に従います。

❷ 預貯金は凍結される

故人名義の銀行口座は死亡の申告直後に凍結されるので、変更しなければ支払いができなくなってしまいます。

❸ 期限がない場合10カ月を目安に

自動車などは名義変更に期限がありませんが、相続税の申告に合わせて10カ月以内に行うとよいでしょう。

死後
なるべく早く

04

返却・停止の手続きをする

故人の身分証明証や民間の会員証は返却する必要があります。
年金を受給していた場合、受給停止の手続きも行いましょう。

健康保険証や免許証は返却します

名義変更（P60参照）と同時に、故人の身分証明書の返却や年金の停止などの手続きも進めましょう。

国民健康保険証、介護保険被保険者証、後期高齢者医療保険者証は市区町村役場の窓口に、健康保険証は勤務先に返却します。

また、運転免許証は警察に、パスポートは各都道府県の旅券窓口に返却するのが原則です。

公的機関から発行されたものだけでなく、民間から発行された会員証なども返却手続きをする必要があります。特に、クレジットカードやスポーツクラブの会員証など会費や使用料が発生するものは、なるべく早く解約しましょう。発行元に連絡し、必要書類への記入、提出を行うことで解約できます。

また、故人が年金受給者であったなら、必ず受給停止の手続きを行います。そのまま受給し続けた場合、悪質と判断されれば罪に問われることもあります。厚生年金は死後10日以内、国民年金は14日以内に、社会保険事務局へ届け出ましょう（P92参照）。

返却・停止の手続きのポイント

被扶養者は保険加入の手続きを

故人が被保険者である健康保険証の扶養家族になっている場合は、新たに国民健康保険に加入します。故人の保険証の返却先で「健康保険資格喪失証明証」をもらい、住民票のある役所で手続きします。

郵便物は転送できません

故人に届く郵便物は、遺族が郵便局に転送の届出を申し出ても、転送することはできません。差出人に返還されてしまいます。故人と別居していた場合は注意しましょう。

請求書が届く前に解約をします

携帯電話やインターネットのプロバイダー、民間企業の会員証などは使用しなくても年間費や月契約などで引き落としがあります。請求書が届く前に早めに手続きを。

返却・停止・解約の手続き一覧はP64へ

これだけは知っておこう！ 返却・停止の手続き

❶ 故人が健康保険加入者の場合

扶養家族は国民健康保険に移行することになります。返却と併せて移行手続きを行いましょう。

❷ 年金の手続きの期限に注意する

厚生年金は死後10日以内、国民年金は死後14日以内と期限に違いがあるので、手続きには注意しましょう。

❸ 解約は請求書が届く前に

携帯電話やインターネットのプロバイダーは料金が毎月引き落とされるので、早めに解約しましょう。

故人の返却・停止・解約の手続き一覧

健康保険証の返却

期限 （国保）死亡日から14日以内／（健保）資格喪失日の翌日から5日以内

必要書類 返却のみ

提出先 （国保）市区町村役場の窓口／（健保）勤務先

注意点 保険料の未払いがある場合は相続人が支払います

介護保険被保険者証の返却

期限 資格喪失の翌日からなるべく早く

必要書類 資格喪失届（窓口にあり）、介護保険被保険者証

提出先 市区町村役場の窓口

注意点 提出と同時に介護保険料を月割で再計算し、足りない分は相続人が支払います。保険料を納めすぎている場合は返金されます

後期高齢者医療被保険者証の返却

期限 資格喪失の翌日からなるべく早く

必要書類 資格喪失届、後期高齢者医療被保険者証

提出先 市区町村役場の窓口

注意点 保険料の支払い、または還付は相続人が行います

運転免許証の返却

期限 死亡日から1カ月以内

必要書類 運転免許証、死亡診断書または死亡の記載がある戸籍謄本

提出先 警察署（公安委員会）

注意点 有効期限が過ぎて更新しなければ自動的に失効します

年金受給の停止

期限 厚生年金は死亡日から10日以内／国民年金は死亡日から14日以内

必要書類 年金受給権者死亡届、故人の年金証書、死亡の事実を明らかにできる書類（戸籍抄本、死亡診断書のコピーなど）

提出先 年金事務所

注意点 未払いの年金がある場合は、「未支給年金請求」を提出します

クレジットカードの解約

期限 死亡日から1カ月以内

必要書類 電話で問い合わせ、退会・解約の書類を送ってもらう
※死亡診断書や戸籍謄本などが必要な場合もあるので要確認

提出先 発行元

注意点 故人が使用したカードの未払い金は原則、相続人が支払うことになります

パスポートの返却

期限 なるべく早く
必要書類 返却のみ
提出先 各都道府県庁の旅券課窓口（パスポートセンター）
注意点 有効期限（10年または5年）がありますが、紛失すると悪用される可能性があるので、すぐに返却をしましょう

印鑑登録証明書の廃止

期限 なるべく早く
必要書類 印鑑登録証明書、登録している印鑑、印鑑登録廃止申請書（窓口にあり）
提出先 市区町村役場の窓口
注意点 廃止せずに紛失すると、重要な契約や届出などに悪用されることもあるので、すぐに廃止しましょう

携帯電話・インターネットの契約解除

期限 次の引き落としの前に
必要書類 各会社に確認し、必要書類を用意
提出先 携帯電話会社など
注意点 インターネットのプロバイダーなどは、年間費や月ごとの契約料がかかっている場合があります。また、登録サイトなどの有料のものは、早めに解除するようにしましょう

ほかにも

●住民基本台帳カード
●老人優待パス
●調理師免許
●スポーツクラブ会員証　など

※提出先や期限などが変更になる可能性もあるので、各所に確認して手続きを行いましょう

05

葬儀費用の補助金を申請する

申請すれば2～3週間で振り込まれます。葬祭費は葬儀翌日から2年以内、埋葬料は死後2年以内と申請期限が設けられているので注意しましょう。

死後／葬儀後 2年以内

補助金には「葬祭費」と「埋葬料」の2種類あります

故人が国民健康保険の加入者、後期高齢者医療保険制度の被保険者であった場合、葬儀費用として「葬祭費」（名称は自治体によって異なる）の給付が受けられます。金額は自治体によって差があり、5万円前後が目安です。保険証や印鑑、振込先口座番号、葬儀社の領収書などの必要書類をそろえ市区町村役場の窓口に申請すれば、2～3週間で振り込まれます。なお、交通事故などで死亡し賠償を受ける場合には支給されません。

故人が健康保険の加入者であった場合に支給されるのは「埋葬料」で、金額は一律5万円です。申請は故人の勤務先の健康保険組合に対して行います。申請には保険証や埋葬許可証、印鑑、振込先の口座番号が必要です。

故人が退職などで被保険者としての資格を失っていても、失効から3カ月以内に亡くなった場合は埋葬料の給付対象です。また、業務上災害や通勤災害で亡くなった場合（P76参照）は埋葬料ではなく、労災保険から葬儀費用が給付されます。

葬祭費と埋葬料の違い

葬祭費（国民健康保険）

申請は市区町村役場の国民健康保険課または後期高齢医療課で行います。市区町村によって「葬祭費」「埋葬費」「葬祭の給付」のように呼び名が異なり、給付額も変わりますが、5万円前後が目安です。

▶必要書類

- 葬祭費支給申請書（自治体で名称異なる）
- 保険証
- 会葬礼状や葬儀の領収書（喪主確認のために必要な場合がある）
- 振込先口座番号
- 印鑑

埋葬料（健康保険）

葬儀を執り行った家族もしくは親族に一律5万円が支給されます。勤務先の健康保険組合や勤務先を管轄する年金事務所に申請します。家族以外の人が葬儀を行った場合には5万円を上限とした実費が支払われます。

▶必要書類

- 埋葬料支給申請書（書き方はP184参照）
- 保険証
- 埋葬許可証または死亡届のコピー
- 葬儀費用領収書など葬儀費用のわかるもの
- 振込先口座番号
- 印鑑

POINT

業務上の死亡の場合
両方の給付は受け取れません

業務上災害で死亡した場合は労災保険から「葬祭料」が、通勤災害で死亡した場合は「葬祭給付」が支払われます（P76参照）。どちらも労働基準監督署に申請します。この場合、健康保険からは支給はされません。両方を受け取ることはできないので注意しましょう。また、金額も遺族の条件などによって変わります。

これだけは知っておこう！ 葬祭費用の補助金

❶ 申請しないと給付されません

埋葬料や葬祭費などの給付金は申請しないと支払われません。期限以内に必ず手続きを行いましょう。

❷ 申請は会社が代行する場合も

埋葬料の手続きは勤務先の会社が代行するという場合もあります。故人の勤務先に確認を取りましょう。

❸ 労災保険と健康保険はどちらか

「葬祭料」か「葬祭給付」が支払われた場合、埋葬料の支給はなくなります。両方受け取ることはできません。

06

故人の医療費の払い戻しを申請する

1カ月の医療費の合算が「自己負担限度額」を超えた場合、その分の額が支給されます。期限内であれば、死亡後でも申請は可能です。

診療翌月から2年以内

自己負担限度額を超えた分は払い戻されます

故人が闘病や長期療養の末に亡くなった場合、医療費が高額になることがあります。国民健康保険、後期高齢者医療制度、健康保険の加入者であれば「高額療養費制度」を利用して医療費の一部の払い戻しを受けることができるので申請しましょう。

高額療養費は、1カ月の医療費が「自己負担限度額」を超えた場合に超過分が支給されます。申請期限は診療を受けた月の翌月から2年以内で、期限内であれば死亡後でも可能です。

また、一度の診療にかかった医療費が高額療養費の支給対象額に達しない場合でも、1カ月内の複数受診や同一世帯の医療費を合算して限度額を超えれば支給を受けることができます。ただし、保険加入者が70歳未満であれば、合算できるのは1件あたり2万1千円以上の自己負担のみです。

さらに、直近の12カ月間に3回以上高額療養費の適用を受けている場合、4回目以降は自己負担限度額が引き下げられます。この場合の限度額も年齢と所得によって区分されます。

自己負担限度額を計算する

70 歳未満の場合

自己負担限度額
標準報酬月額83万円以上の方 252,600円＋（総医療費－842,000円）×1％
標準報酬月額53～79万円の方 167,400円＋（総医療費－558,000円）×1％
標準報酬月額28～50万円の方 80,100円＋（総医療費－267,000円）×1％
標準報酬月額26万円以下の方 57,600円
低所得者（被保険者が市区町村民税の非課税者など） 35,400円

►必要書類

- 高額療養費支給申請書（協会けんぽのホームページからダウンロード可能）
- 故人（被保険者）との続柄がわかる書類（戸籍謄本など）

全国健康保険協会（協会けんぽ）
http://www.kyoukaikenpo.or.jp/

70 歳以上 75 歳未満の場合

被保険者の所得区分		自己負担限度額	
		外来（個人）	外来・入院（世帯）
現役並みの所得者		44,400円	80,100円＋（総医療費－267,000円）×1％
一般所得者		12,000円	44,400円
低所得者	Ⅱ※1	8,000円	24,600円
	Ⅰ※2		15,000円

※1 低所得者Ⅱは、被保険者が市区町村民税の非課税者などである場合
※2 低所得者Ⅰは、被保険者とその扶養家族全ての方から必要経費・控除を除いた後の所得がない場合
※75歳以上は後期高齢者医療者制度の対象者となります　全国健康保険協会（協会けんぽ）ホームページより

これだけは知っておこう！ 高額療養費払い戻し

❶ 支給までは3～4カ月

申請してから払い戻しには3～4カ月かかります。また、支給は何度でも受けることができます。

❷ 振り込みにできる場合も

払い戻しは自動振り込みにできる場合があります。その場合、支給されているかどうか口座を確認しましょう。

❸ 介護費用の払い戻しも

介護費用もしくは介護と医療を合わせた費用が高額の場合、払い戻されることがあります。市区町村役場で確認を。

07 生命保険の手続きをする

故人が亡くなってから2年以内に請求します。こちらから保険会社に連絡をとり、請求しなければ死亡保険金は受け取れません。

死後 2年以内

死亡保険金は請求することで受け取れます

個人が生命保険に加入していれば、死亡保険金を受け取ることができます。生命保険と呼ばれるものは、民間保険会社の「生命保険」、郵便局の「簡易保険」、勤務先の「団体生命保険」などがあります。加入者が亡くなったら、こちらから保険会社へ連絡し、請求の手続きを行わなければ、死亡保険金は支払われません。連絡する際に、請求書を取り寄せ、手続きに必要な書類を確認して準備しましょう。

亡くなった日から2年以内（保険会社によっては3年以内）に請求を行わなければ資格を失ってしまいます。

死亡保険金には税金が課せられます。税金の種類は契約した内容によって「相続税」「所得税」「贈与税」のいずれかになり、金額も変わってきます（P72参照）。

死亡保険金の受け取りには、一度に全額受け取る「一時金型」、全額または一部を年金のように分割で受け取る「年金型」、保険会社にそのまま預けて必要なときに取り出す「据え置き型」があります。

生命保険の請求から受け取りまで

手続きの流れ

❶ 被保険者が死亡

生命保険の契約をしていたかは、故人への郵便物や通帳履歴からわかります。故人が家族に知らせずに加入している場合もあるので、遺品整理の際に確認を。

❷ 保険会社に連絡

被保険者の名前（ここでは故人）、故人の保険証番号、死亡の日時、死因、受取人の氏名などを伝え、「死亡保険金支払請求書」を送ってもらいます。

❸「死亡保険金請求書」の提出

保険会社から届いた請求資料に必要事項を記入し、必要書類を添付して返送。漏れのないように確認しましょう。

❹ 保険金の受け取り

請求先

故人が契約していた保険の種類を確認しましょう。

生命保険	各保険会社
簡易保険	最寄りの郵便局窓口
団体生命保険	故人の勤務先

▶必要書類

- 保険証券
- 死亡保険金支払請求書
- 死亡診断書のコピー
- 故人の除籍抄本または住民票除票
- 受取人の戸籍謄本または抄本
- 受取人の印鑑・印鑑証明書
- 受取人の振込口座番号

※保険会社によって異なるので確認しましょう

生命保険の契約内容と税の種類は
P72へ

これだけは知っておこう！ 生命保険の受け取り

❶ 申請しなければ受け取れない

どの保険もこちらから連絡をとり、手続きをしてもらわないと死亡保険金を受け取ることはできません。

❷ 請求期限は死後2年以内

死亡日から2年以内に請求手続きを行わないと資格を失います。遺品整理の際に加入の有無を確認しましょう。

❸ 必要書類は保険会社で違う

各保険会社によって請求に必要な書類は異なります。手続きをする前に問い合わせて用意しておきましょう。

 次のページに続く

生命保険の契約内容と税の種類

生命保険は受取人によって税金の種類が変わります。右の表のように、契約者と受取人によって「相続税」、「所得税」、「贈与税」と3種類に分けられます。どのケースに当てはまるのかを確認してみましょう。

契約内容／ケース	被保険者	契約者	受取人	税金
ケースA	故人（父）	故人（父）	妻または子	**相続税**
ケースB	故人（父）	妻	妻	**所得税**
ケースC	故人（父）	妻	子	**贈与税**

ケースA　「相続税」となる場合

被保険者：故人（父）／契約者：故人（父）／保険金の受取人：子または妻

故人が自身に保険金をかけ、支払っているので、故人の財産になります。受取人が妻や子（法定相続人）の場合、亡くなることで生じる財産を「みなし相続財産」※といい、「500万円×法定相続人の人数」まで非課税になります。

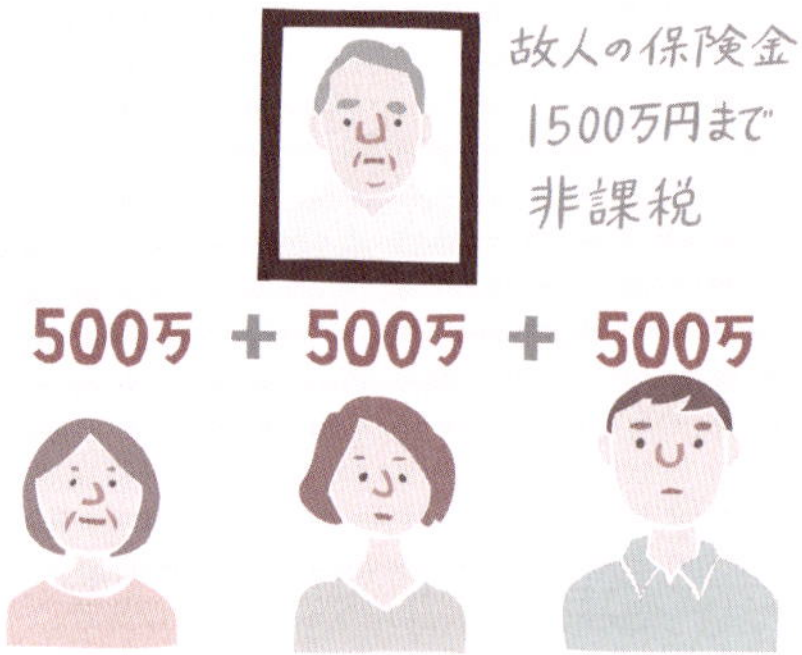

例）
相続人が妻1人、子2人の場合
500万円×3人=1500万円
➡ 1,500万円までの保険金は非課税

※「みなし相続財産」とは、被相続人が亡くなったことで、契約上指定された人が受け取る財産のことです（P140参照）

ケースB 「所得税」となる場合

被保険者：故人（父）／契約者：妻／保険金の受取人：妻

保険料を支払う人と受取人が同一人物という場合です。自身の一時所得とされ、確定申告によって所得税を支払います。課税の対象は、受け取った死亡保険金から「支払った保険料」と「一時所得の特別控除50万円」を差し引いた金額をさらに1／2にした金額です。

例）

受け取った死亡保険金：3,000万円
支払った保険料：1,000万円
一時所得の特別控除：50万円

※死亡保険金を一時金で受領した場合

3,000万円ー（1,000万円＋50万円）
＝1,950万円 ➡ 一時所得の金額
1,950万÷2＝975万円
課税の対象：975万円

※「雑所得」として受け取る場合は計算方法が上記とは異なります

ケースC 「贈与税」となる場合

被保険者：故人（父）／契約者：妻／保険金の受取人：子

保険料を妻が支払い、子が受け取るというケースです。この場合は、妻から子への贈与ととらえられ、「贈与税」がかかります。受け取った死亡保険金から「支払った保険料」と「贈与税基礎控除額110万円」を差し引いた金額が課税対象です。

例）

受け取った死亡保険金：3,000万円
支払った保険料：1,000万円
贈与税基礎控除額：110万円

3,000万円ー（1,000万円＋110万円）
＝1,890万円
課税の対象：1,890万円

※「相続税」と「贈与税」は、死亡保険金を「年金型」で受領する場合、毎年支払われる年金（公的年金以外の年金）にかかる所得税については、年金支給初年は全額非課税、2年目以降は課税部分が階段状に増加していく方法により計算します

Q&A 死亡保険金の受取人がすでに亡くなっている場合は？

受取人が故人よりも先に死亡し、新たに受取人が再指定されないまま契約者が亡くなってしまったという場合、遺言や約款《やっかん》の記載にもよりますが、基本的には相続人が保険金を受け取ることになります。

相続税、所得税、贈与税、それぞれの課税率について
国税庁のホームページ
https://www.nta.go.jp/

08

自動車事故だった場合は？

事故が故人の責任かそうでないかにより手続きは変わります。「自賠責保険」と「任意保険」があるので注意しましょう。

自賠責《じばいせき》保険と任意保険の保険金を請求します

　自動車の運転者は「自賠責保険」に加入することが義務づけられています。故人が交通事故の被害者である場合は、遺族が請求することで保険金が支払われます。支払われるのは治療費や入院費、葬祭料、慰謝料、逸《いっ》失《しつ》利益（故人が生きていれば得るはずだった所得）です。

　自賠責保険には上限額があり、それを超える金額は加害者が支払うことになります。加害者が任意保険に加入していれば、不足分はそこから支払われます。

　一方、事故が故人の責任によるもので被害者がいる場合は、遺族が賠償責任を負うことになります。自賠責保険や任意保険の給付金で補えない分は各自の財産から支払わなければなりません。ただし、相続放棄（P126参照）すれば義務はなくなります。

　また、自損事故の場合は自賠責保険からの給付金はありませんが、任意保険の契約内容によっては死亡保険金や治療費、葬祭費などが保証されている場合もあります。なお、遺族が受け取った賠償金は相続税の対象ではありません。

自賠責保険と任意保険の違い

自賠責保険

限度額：3000万円※死亡による損害

自動車購入者が強制的に加入させられる、自動車損害賠償保障法に基づいた保険です。被害者のための最低限の補償がなされています。「生きていたら得られていた賃金」「死亡に至るまでの傷害の損害」「葬祭料」「慰謝料」を合計で最大3000万円まで給付されます。

任意保険

限度額：会社やプランにより異なる

加入の義務はありませんが、自賠責保険ではカバーしきれない高額請求を支払うために、加入しておく人がほとんどです。任意保険でも補えない部分は個人負担になります。任意保険の保険料は多くの場合、示談交渉が終わってからの支払いになります。

損害賠償は大半が示談で解決する

自動車事故の多くは示談交渉で解決します。しかし、一方的に金額を提示されたり、満足な説明もなく安い賠償金で解決されるなど、トラブルも多いので注意が必要です。

〈示談のポイント〉

- 弁護士のアドバイスを受ける
- 判断はその場でせず、落ち着いた状態で考える
- 納得がいかないときは調停・訴訟という方法も

これだけは知っておこう！ 自動車事故

❶ 民事上の損害賠償が必要

被害者であれば相手側に損害賠償を請求し、加害者であれば損害賠償を支払う義務が発生します。

❷ 加害者も死亡した場合

加害者の代わりにその相続人に請求をします。加害者の配偶者や子の存在を確認し、連絡をとりましょう。

❸ 相続放棄をすることも

加害者遺族には賠償責任がありますが、相続放棄すると義務がなくなります。ただし、ほかの相続権利も失います。

09 業務中に亡くなった場合は？

会社が労災保険に加入しており、業務上の事由による災害で亡くなったのであれば、給付金が受け取れます。

死後 5年以内

労災認定されれば給付金がもらえます

故人が業務上の事由による災害や通勤途中での災害によって亡くなった場合は、労災（労働災害補償保険）の補償対象になります。労災の補償には「遺族（補償）給付」や「葬祭料」（P66参照）があり、正社員だけではなく、契約社員やアルバイト、パートタイマーも対象になり、その労働者によって生計が成り立っている遺族（いわゆる「共稼ぎ」も含む）には、給付金が支払われます。

給付金は遺族の条件によって年金と一時金に分かれます。給付を受けられるかどうかは死因が労災であると認められるかにかかっています。就業施設内での事故であれば可能性は高いですが、休憩中や移動中の場合は認められないケースもあります。過労による心身の不調も業務と因果関係を証明するのが難しいかもしれません。

また、通勤中の事故の場合でも、通勤ルート上であっても私的な行動をはさんだ場合は認められないなど制限があります。労災の申請は、会社の所在地の労働基準監督署で行います。

遺族（補償）給付の手続き

遺族（補償）給付

業務上の事由による災害または通勤途中の災害で亡くなった労働者の遺族に対して支払われる給付金を「遺族（補償）年金」と呼びます。死亡時に受け取る遺族がいない場合など、特別なケースには「遺族（補償）一時金」が支払われます。

手続きの流れ

（会社が代行する場合もあります）

❶ 労働基準監督署窓口または、厚生労働省のHPからダウンロードして請求書を入手します。

❷ 請求書に記入し、勤務先に証明をもらいます。添付の必要書類も用意。

❸ 労働基準監督署へ請求書を提出。支給決定の通知を待ちます。

❹ 金融機関の口座に振り込まれます。

►必要書類

- 死亡診断書、死体検案書、検視調書またはそれらの記載事項証明書など
（被災労働者の死亡の事実および死亡年月日を証明することができる書類）
- 戸籍謄本、抄本など
（請求人およびほかの受給資格者と被災労働者との身分関係を証明することができる書類）
- 住民票の写しなど
（請求人およびほかの受給資格者が被災労働者の収入によって生計を維持していたことを証明することができる書類）

※上記以外に、支給の条件によってほかの書類が必要な場合もあります

POINT

併給ができます！

労災保険の遺族（補償）年金と、国民年金、厚生年金の遺族年金（P84参照）は併給することができます。その際はここで紹介した労災の遺族（補償）年金が調整されます。

これだけは知っておこう！ 労災保険の給付

❶ 契約社員やアルバイトも対象

会社が労災保険に加入していれば、正社員に関わらずパートタイマーやアルバイトなどの雇用形態でも対象です。

❷ 私的な行動は認められない

休憩中、外勤や出張中でも勤務とは関係のない私的な行動を取っていた場合、給付の対象外となります。

❸ 給付金は遺族の条件で異なる

給付金は年金と一時金の2種類があり、遺族の条件によって分かれます。公務員の場合は補償が少し異なります。

10

故人の確定申告を行う

故人の確定申告は遺族が代わりに故人の住民票のある地域の税務署に提出します。相続開始を知った翌日から4カ月以内にすませる必要があります。

相続開始を知った翌日から4カ月以内

故人が自営業者の場合

自営業者や給与以外に20万円以上の収入がある人は所得税の確定申告が必要です。故人の確定申告を遺族が行う場合は、「準確定申告」と呼ばれ、1月1日から亡くなった日までの所得を計算します。申告先は故人の住所地の税務署です。相続開始を知った翌日から4カ月以内が期限で、延滞すれば税が加算されてしまいます。

故人が会社員の場合

故人が会社員であれば勤務先で年末調整が行われるので確定申告の必要はありませんが、年収が２０００万円以上の場合や医療費控除を受ける場合は申告が必要です。また、納税者本人とその扶養家族の医療費自己負担額の合計が年間10万円を超えると、その分は所得税の控除対象となります。

医療費控除の申請は確定申告と同時に行い、領収書など医療費としての支出を証明する書類の提出が必要です。故人の医療費は死亡日までに支払った金額の合計を計算するため、亡くなった後に支払う入院費は控除されません。

医療費控除の計算方法

医療費の総額 － **保険などから支給された金額** － **10万円**

死亡した人の1月1日から死亡日までに支払った医療費です。

払い戻された高額医療費や生命保険や損害保険から補《ほ》填《てん》金《きん》が出た場合は支払った医療費から差し引きます。

総所得金額などが200万円未満の人は総所得金額などの5%になります。

＝ **医療費控除額（上限200万円）**

医療費が10万円を超えたときに所得税が一定額控除されます。死亡後に支払った費用は含まれません。

POINT

準確定申告の控除

下記に該当する控除がある場合は、計算した上で申告をします。

- 医療費控除（治療費・診療費のほかに治療や療養に必要な医薬品の購入、世話をした看護師や保健師などの費用、病院にかかるための通院費なども対象）
- 社会保険、生命保険、地震保険、損害保険などに支払った保険料
- 配偶者控除や扶養控除など親族に関する控除

これだけは知っておこう！ 準確定申告

❶ 申告期限を確認する

相続開始を知った翌日から4カ月以内が確定申告の期限となります。手間がかかるので早めに行いましょう。

❷ 複数の控除がある場合も

条件を満たせば医療費控除、支払った保険料の控除、配偶者や扶養家族の親族控除などを受けることができます。

❸ 医療費控除には制限がある

医療費控除には制限があり、健康食品の購入や健康診断の費用、入院時のベッド代などは含まれません。

11 手続きに必要な書類を確認する

葬儀後の手続きや相続、相続税の手続きではたくさんの書類が必要です。複数必要になる書類も少なくないので、発行前に確認しましょう。

死後
なるべく早く

葬儀後の手続きに必要な代表的な書類を確認します

金融機関の口座解約や各種契約の名義変更、保険金の請求や相続手続きなどを行うにあたって用意すべき書類がたくさんあります。複数の手続きで必要な書類もあるので、必要枚数を確認してから取得しましょう。

▼我が家の手続き必要書類一覧（P206）

葬儀後の手続きに必要な書類のうち使用頻度が高いものには、住民票、印鑑登録証明書、戸籍などがあります。

住民票は現在住んでいる場所を証明するもので、遺族年金や不動産の名義変更などに必要です。印鑑登録証明書は登録印が実印であることを証明する書類で、相続にともなう名義変更に必要になります。印鑑登録をしていない人は、相続にあたり登録が必要で、市区町村役場で発行します。

戸籍には戸籍謄本と戸籍抄本があります。謄本は戸籍原本に記載されている全員の情報を写したもの、抄本は必要な部分だけを写したものです。戸籍が必要な場合は謄本であることがほとんどですが、生命保険の保険金請求では抄本も認められます。

主な必要書類一覧

住民票	300円前後 (自治体により異なる)	●不動産や自動車の名義変更 ●公的年金停止や未支給年金請求 ●遺族年金の請求　など
印鑑登録証明書	300円前後 (自治体により異なる)	●死亡保険金の請求 ●預貯金の名義変更 ●不動産相続の名義変更 ●株式などの名義変更 ●遺産分割協議書の作成　など
戸籍謄本	450円	●遺族年金の請求 ●相続税の申告 ●預貯金の名義変更 ●不動産相続の名義変更　など
除籍謄本 除かれた戸籍が除籍簿として保管されていて、その写しのこと	750円	●不動産の名義変更 ●電話と自動車の所有権移転 ●死亡保険金請求 ●預貯金、株式などの名義変更　など
戸籍抄本 戸籍原本から必要とする人だけ写したもの	450円	●死亡保険金請求　など

これだけは知っておこう！　必要書類

❶ 郵送請求や委任での請求も

書類を取りに行くのが難しい場合は、郵送を利用して請求したり誰かに委任したりすることもできます。

❷ 複数枚必要になる書類も多い

住民票や戸籍謄本などは複数の手続きで必要になります。あらかじめ枚数を把握してから申請しましょう。

❸ 請求書はダウンロードも

書類の請求書は市区町村役場の窓口で手に入りますが、ホームページからダウンロードできる場合もあります。

COLUMN 2

こんなとき どうする？

凍結後の口座から預貯金を引き出す

緊急の場合であれば凍結口座から引き出せる

凍結された故人の口座は、原則として遺産分割協議書がなければ出入金できません。しかし、どうしても分割協議前に預貯金が必要な場合は、遺族の代表者が金融機関で手続きを行えば引き出すことができます。ただし、法定相続人全員の戸籍謄本など書類集めに時間がかかることも少なくありません。

遺言書の中で遺言執行者（P116参照）が指定されていれば、遺言執行者の証明のみで引き出せることもあります。お金にゆとりがあるなら葬儀費用は立て替え、遺産分割後に精算するのがよいでしょう。

葬儀の費用や生活費を引き出す

葬儀会社への支払いや当面の生活費など、緊急を要する場合は相続人全員の同意と必要書類を提出すれば引き出しに応じてくれる場合があります。

遺言執行者が引き出す

遺言書で遺言執行者が指定されている場合、相続人全員の同意や確認できる書類（全員分の印鑑登録証明書など）がなくても預金を引き出せることがあります。

凍結前に引き出す

口座の凍結は、金融機関が名義人が亡くなったことを知ったタイミングで行われるため、口座が凍結される前に必要な額を引き出すことも可能です。ただし、不用意に故人の口座から出金するのはトラブルの原因となるので、相続人全員の同意を取る、何にどれだけ使用したのか記録を残すなどの対応が必要です。

第3章

遺族年金の手続き

01

遺族年金とは？

公的年金加入者の遺族に給付されるのが遺族年金です。故人が加入していた年金によって、受給できる遺族年金が異なります。

故人が加入していた年金の種類を確認しましょう

「遺族年金」とは、故人によって生計を維持されていた遺族に支払われる年金です。

日本ではすべての成人が国民年金に加入し、会社員であればこれに加えて厚生年金にも加入しています。

遺族が受給できる年金の種類は故人が加入していた年金によって異なります。

①故人が国民年金のみに加入していた場合、遺族が受給するのは「遺族基礎年金」です。

②故人が厚生年金に加入していた場合は「遺族厚生年金」が支給され、条件によっては「遺族基礎年金」や「中高齢寡婦《かふ》加算」も受給できます。

ただし、遺族年金はすべての遺族が無条件に受け取れるわけではありません。故人との関係や年齢、子どもの有無による受給条件があるからです。年金を受給できない場合、一時金など別の給付が受け取れることもあります。

複雑な制度なので、わからないことがあれば近くの年金事務所や年金相談センターなどに問い合わせてみましょう。

遺族年金の種類

① 国民年金加入者 （P88 参照）

故人が自営業者などで厚生年金に加入していない場合、遺族は国民年金の給付を受け取ることになります。遺族給付は遺族基礎年金、寡婦年金、死亡一時金です。

② 厚生年金加入者 （P90 参照）

故人が会社員であれば厚生年金に加入していることがほとんどです。要件を満たせば、遺族は遺族厚生年金を受け取れます。中高齢寡婦加算という制度の対象になることも。

年金の種類	受給できるもの	期限	窓口
厚生年金	遺族厚生年金（条件によっては遺族基礎年金・中高齢寡婦加算もあり）	死亡日から５年以内	年金事務所
国民年金	遺族基礎年金	死亡日から５年以内	市区町村役場年金課
	寡婦年金	死亡日から５年以内	
	死亡一時金	死亡日から２年以内	

Q&A

故人が公務員だったら？

これまで公務員は共済年金に加入していましたが、平成27年10月に厚生年金制度に統一されました。ただし、窓口はこれまで通り、共済組合となります。

これだけは知っておこう！ 遺族年金

❶ 遺族基礎年金と遺族厚生年金

故人が国民年金のみに加入していた場合は遺族基礎年金、厚生年金加入者なら遺族厚生年金が受け取れます。

❷ 対象の遺族は限定される

遺族年金の受給資格は、故人に生計を維持されていた遺族のうち年齢などの条件を満たすものに限定されます。

❸ 年金以外の給付金もある

遺族給付は年金だけではありません。年金の受給資格がなくても、何らかの給付を得られる可能性があります。

もらえる遺族年金確認チャート

START
亡くなった方によって生計を維持されていましたか？

→ はい
亡くなった方はサラリーマン（または公務員）でしたか？
（いいえ →）

→ いいえ
亡くなった方が国民年金にのみ加入していた

はい → **A** へ

いいえ → 該当しません

↓ はい

故人はいずれかに該当しますか？
①厚生年金に加入し、在職中だった
②退職していたが、①の時の病気などが原因で初診日から５年以内に死亡した
③障害年金（1級、２級）を受けることができた
④老齢厚生年金の受給資格期間を満たしていた（原則年金加入25年以上【国民年金加入期間も含む】）

いいえ → 該当しません

↓ はい

残された方はいずれかに該当しますか？
①子[※1]のある配偶者（夫は55歳以上）
②子[※1]
③子のない妻または55歳以上の夫
④55歳以上の父母
⑤孫[※2]
⑥55歳以上の祖父母

いいえ → 該当しません

↓ はい

遺族厚生年金の対象です
妻は年齢によって加算があります
（子のある配偶者または子の遺族基礎年金も受給できます）

POINT
生計を維持とは？
死亡当時生計を同一し、原則として年収850万円未満の方。また当時850万円以上であってもおおむね５年以内に年収が850万円未満になると認められる事由（退職など）がある場合は受給できます。

※1　18歳となった年度の３月31日までの子、もしくは障害等級1、２級の20歳未満の子
※2　18歳となった年度の３月31日までの孫、もしくは障害等級1、２級の20歳未満の孫

故人はいずれかに該当しますか？
①国民年金に加入中に死亡した
②国民年金に加入していた60歳以上65歳未満の日本在住者
③老齢基礎年金の受給権者もしくは受給資格を満たしていた（原則加入25年以上）

いいえ → 該当しません

はい ↓

残された方は子※1のある配偶者、または子※1ですか？

はい → 遺族基礎年金の対象です

いいえ ↓

国民年金を納付した期間（免除期間含む）が原則25年以上ある夫が年金をもらわずに死亡したなど

はい ↓

亡くなった夫と10年以上継続して婚姻期間がある65歳未満の妻で、自身の年金をもらっていない

はい → 寡《か》婦《ふ》年金の対象です

いいえ → 該当しません

いいえ ↓

A 国民年金を3年以上納付していたが、老齢基礎年金、障害基礎年金の両方をもらわずに死亡した

はい ↓

残された方は生計を同一にしていた配偶者、子、父母、孫、祖父母、兄弟姉妹ですか？

はい → 死亡一時金の対象です

いいえ → 該当しません

いいえ → 該当しません

※公的年金には上記のほかにもさまざまな要件があるので、目安と考えてください

02

国民年金に加入していたら？

国民年金加入者の遺族は、「遺族基礎年金」、「寡婦年金」、「死亡一時金」から該当するものいずれかひとつを受給できます。

死後5年以内
死亡一時金は2年以内

遺族基礎年金のほかにも給付制度があります

故人が自営業者や農業、漁業従事者であれば、国民年金のみに加入しているというケースがほとんどです。国民年金加入者[※1]の遺族は「遺族基礎年金」「寡婦《かふ》年金」「死亡一時金」のいずれかを受けることができます。いずれも、故人によって生計を維持されていた、または生計を同一にしていたことが受給条件[※2]となります。

①遺族基礎年金を受けられるのは、故人によって生計が維持されていた遺族のうち、18歳まで[※3]の子をもつ配偶者と18歳まで[※3]の子だけです（障害がある子の場合は20歳未満）。

②寡婦年金は要件を満たした60～65歳の妻に支給されます。金額は、故人に支給されるはずだった老齢基礎年金の4分の3です。

③死亡一時金は、配偶者や子だけでなく、父母、孫、祖父母、兄弟姉妹にも受給資格があります。金額は故人の保険料納付期間によって決まります。

遺族基礎年金と寡婦年金は故人の死亡後5年以内、死亡一時金は2年以内に市区町村役場の国民年金課に申請します。

※1　故人が保険料納付要件を満たしている場合
※2　「遺族基礎年金」と「寡婦年金」は故人に生計を維持されていた、「死亡一時金」は故人と生計を同一にしていたことが条件

国民年金の遺族給付

① 遺族基礎年金

18歳まで※3（障害がある場合は20歳未満）の子を持つ配偶者と子が受け取れる年金です。子の人数に応じて基礎金額に加算があります。

② 寡婦年金

要件を満たした65歳未満の妻が受け取れる年金です。何歳で受給資格を得たとしても、支給されるのは60～65歳までとなります。

③ 死亡一時金

故人と生計を同じくしていた遺族で優先順位の最も高い人（配偶者、子、父母、孫、祖父母、兄弟姉妹の順）が受け取れます。

Q&A

いつどこに申請すればいいの？

遺族給付の申請は市区町村役場または年金事務所で行います。ねんきんダイヤル（P93参照）などで確認しましょう。

	受給要件	支給額（平成28年度）
遺族基礎年金	保険料納付要件を満たし ●国民年金の被保険者であるまたは老齢年金の受給資格があること	780,100円＋子の加算 子の加算は第1子、第2子は各224,500円 第3子以降は74,800円
寡婦年金	●保険料納付期間＋免除期間が25年以上でかつ受給者は故人と10年以上婚姻関係にあること	故人がもらうはずだった老齢基礎年金額の4分の3
死亡一時金	●36月以上国民年金保険料を納付していたこと ※ただし、故人が年金受給者もしくは遺族基礎年金を受け取る場合は不可	保険料納付期間に応じて120,000～320,000円 例： 36月以上 180月未満 120,000円 180月以上 240月未満 145,000円 420月以上 320,000円

これだけは知っておこう！ 国民年金の遺族給付

❶ 遺族給付は3種類ある

遺族基礎年金、寡婦年金、死亡一時金の3種類があり、要件を満たすもののうちいずれかひとつを受け取れます。

❷ 遺族基礎年金は配偶者と子のみ

遺族基礎年金を受け取れるのは、18歳まで※3（障害がある場合は20歳未満）の子を持つ配偶者と子です。

❸ 期限までに申請する

遺族基礎年金と寡婦年金は死亡日から5年以内、死亡一時金は2年以内に申請します。期限を過ぎると無効です。

※3 18歳となった年度の3月31日までの子

03

厚生年金に加入していたら？

故人が厚生年金加入者の場合に受給できるのは「遺族厚生年金」です。「遺族基礎年金」や「中高齢寡婦加算」を併せて受け取れることもあります。

死後
5年以内

遺族厚生年金は配偶者や子以外も受給可能

故人が厚生年金に加入していた場合、生計を維持されていた遺族は「遺族厚生年金」を受給できます。

受給の対象は遺族基礎年金よりも幅広く、配偶者、子、父母、孫、祖父母と定められています。ただし、子は18歳まで※1（障害がある場合は20歳未満）、夫、父母、祖父母は55歳以上、受給は60歳から（子のある夫は55歳から受給）という制限があります。妻は子の有無に関係なく年金を受け取れますが、夫が亡くなったとき30歳未満で、子がない場合は5年間のみの支給となります。

遺族厚生年金の金額は、故人に支給されるはずだった老齢厚生年金の4分の3です。

また、厚生年金加入者は国民年金にも加入しているため、18歳まで※1の子と18歳まで※1の子を持つ配偶者（夫は55歳以上）は、遺族厚生年金に加えて遺族基礎年金も受け取ることができます。

遺族基礎年金の対象外で40歳以上の妻には、65歳になるまで「中高齢寡婦《かふ》加算」が支給されます。

※1　18歳となった年度の3月31日までの子

厚生年金の遺族給付（遺族厚生年金）

① 受給要件
（故人が下記のいずれかにあてはまる）

- 厚生年金の被保険者である※2
- 加入期間中の傷病がもとで初診日より５年以内に死亡した※2
- 障害厚生年金（１級・２級）の受給資格を持つ
- 老齢年金の受給資格を持つ

② 対象となる遺族

- 妻
- 18歳まで※1の子、孫
（障害がある場合は20歳未満）
- 55歳以上の夫、父母、祖父母
（ただし、子のある夫以外、60歳から受給）

③ 年金額・申請先

故人に支給されるはずだった老齢厚生年金の４分の３です。年金加入期間が短い場合も300月とみなして老齢年金の額を計算します。故人が死亡した日から５年以内に近隣の年金事務所で手続きを行います。

▶必要書類

- 年金手帳　●戸籍謄本　●印鑑
- 住民票の写し
- 故人の住民票の除票
- 請求者の収入が確認できる書類
- 子の収入が確認できる書類
- 死亡診断書のコピー
- 金融機関の通帳など

妻が受け取る年金のパターン

条件を満たす子がいる場合	▶	厚生年金	＋	遺族基礎年金
条件を満たす子がなく40歳未満の場合	▶	遺族厚生年金		（30歳未満の場合は５年で終了）
条件を満たす子がなく40歳以上の場合	▶	遺族厚生年金	＋	中高齢寡婦加算

これだけは知っておこう！ 厚生年金の遺族給付

❶ 遺族厚生年金が受給できる

故人に生計を維持されていた遺族は、年齢などの条件を満たせば遺族厚生年金が受給できます。

❷ 支給額の加算もある

子がいる配偶者は遺族基礎年金も併せて受給できます。また、妻には中高齢寡婦加算もあります。

❸ 年金事務所に申請する

申請手続きは近くの年金事務所で行えます。期限は故人の死亡日から５年以内と定められています。

※2　遺族基礎年金の保険料納付要件を満たしていることが条件

04

故人が年金を受給していたら？

故人が公的年金を受けていた場合は、すぐに停止を申請します。未支給分が発生したら併せて請求しましょう。

国民年金は死後14日以内
厚生年金は死後10日以内

受給停止の手続きを、すみやかに行いましょう

故人が国民年金や厚生年金の受給者であった場合、すみやかに受給停止の手続きを行わなければなりません。

停止手続きは年金事務所または年金相談センターで行いますが、すぐに行けない場合は「ねんきんダイヤル」に電話することで停止させることができます。その後、改めて出向きましょう。

年金事務所または年金相談センターで配布されている「年金受給者死亡届」（市区町村に提出する死亡届とは異なる）に記入し、故人の年金証書や戸籍謄本（または住民票）を添付して提出すれば手続き完了となります。

厚生年金は死後10日以内、国民年金は14日以内が期限です。手続きが遅れて年金を受け取った場合、過払い分の返済を求められます。

支払われていない年金がある場合は、「未支給年金」として請求できます。未支給年金を請求できるのは故人と生計をともにしていた遺族です。年金停止の手続きと同時に請求することができ、手続き後4カ月程度で指定口座に振り込まれます。

故人の年金に関する手続き

① 年金の受給を停止する

故人の年金証書などの必要書類を用意します。年金事務所または年金相談センターで「年金受給者死亡届」に記入し、必要書類とともに提出して停止の手続きを行います。

② 未支給年金を請求する

年金は偶数月に前2カ月分が支払われる仕組みのため、停止時期によっては未支給分が発生することがあります。その場合、年金事務所で請求手続きを行います。

「年金受給者死亡届」
「未支給年金請求書」の書き方
→ P186 参照

※ねんきんダイヤルに電話をするときには、故人の年金番号、問い合わせる方の年金番号を準備します。停止のほか、必要な手続きを教えてもらえます。手続きに必要な添付書類や提出先は個々に異なります

►①の必要書類

- 故人の年金証書
- 死亡の事実を確認できる書類（戸籍抄本、死亡診断書、住民票など）

►②の必要書類

- 故人の年金証書
- 故人と請求者の身分関係を示す書類（戸籍謄本など）
- 生計が同一であることを示す書類（住民票の写しなど）
- 振込先金融機関の通帳
- 印鑑

POINT

ねんきんダイヤル※を活用

すぐに年金事務所に行くのが難しいときは「ねんきんダイヤル」から停止できます。

ねんきんダイヤル	☎0570-05-1165
月　曜	午前8：30 ～午後7：00
火～金曜	午前8：30 ～午後5：15
第2土曜	午前9：30 ～午後4：00

これだけは知っておこう！ **年金の停止**

❶ 期限までに手続きを行う

年金の停止手続きには期限があります。厚生年金は死後10日以内、国民年金は死後14日以内に行いましょう。

❷ 年金事務所に必要書類を出す

年金事務所に用意されている「年金受給者死亡届」に記入し、そのほかの必要書類とともに提出します。

❸ 未支給分を請求する

年金の停止時期によって未支給分が発生する場合は、年金事務所で請求手続きを行うことで遺族が受け取れます。

COLUMN 3
こんなとき
どうする？

年金が重なったら

65歳まで

公的年金の受給はひとりひとつが原則です。65歳前の遺族が遺族年金と特別支給の老齢厚生年金※1の両方の受給資格を持つ場合は、どちらかひとつを選択して受け取ることになります。

遺族基礎年金
遺族厚生年金

↕ どちらかを選択する

特別支給の老齢厚生年金※1

65歳以上

65歳以上の遺族は、自分の老齢年金と遺族厚生年金を合わせて受給することが認められ、パターンAかパターンBを選択します。配偶者の場合はパターンCも選択できます。

● 年金の組み合わせパターン

〈パターンA〉

自分の老齢基礎年金 ＋ 自分の老齢厚生年金

〈パターンB〉

自分の老齢基礎年金 ＋ 遺族厚生年金

〈パターンC〉配偶者のみ

自分の老齢基礎年金 ＋ 自分の老齢厚生年金の2分の1 ＋ 遺族厚生年金の3分の2

➡上記の組み合わせのうち最も高い金額を受け取れる

ただし、実際の受給方法は、〈パターンA〉を優先して、最も金額が高くなる組み合わせとの差額を遺族厚生年金として受け取ることになります。わからない場合は、年金事務所へ相談しましょう。

※1「特別支給の老齢厚生年金」とは、旧厚生年金保険法による60歳からの老齢年金をもらう予定だった人に対して、当分の間は特別に60歳から支給するというもの
※2「老齢基礎年金」とは、年金保険料を納めた期間＋保険料を免除された期間などを通算した期間が25年以上ある者が65歳から支給される年金

第4章

遺産相続の進め方

遺産相続の流れ

まずは相続人全員の了承を得て分割方法を決めます。その後、遺産を相続するための手続きを行い、期限までに相続税を支払います。

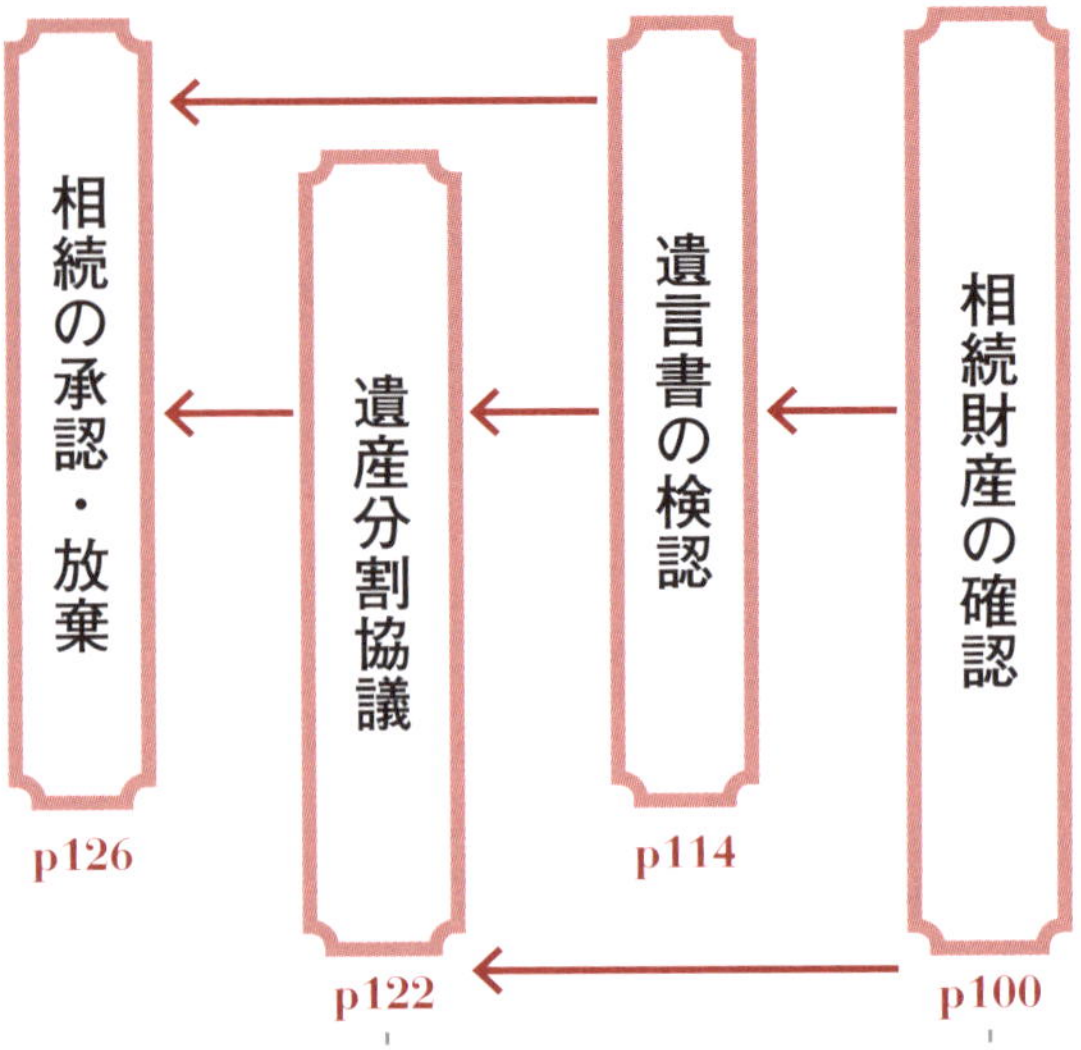

相続財産の管理をします

どんな財産があるのか、マイナス財産も含めて洗い出しましょう。

→遺産管理リストP208参照

相続人全員で話し合い分割内容を決めます

相続人全員が納得するまで話し合います。決裂したときは家庭裁判所にて調停や審判に移行します。

相続手続き
p134
p136

←

相続税の計算
p138
p148

←

相続財産の評価
p140

控除額の確認
p146

←

相続税の申告と納税
p152

名義の変更や登録を行います

預貯金や不動産、株、自動車など財産の種類ごとに必要な手続きや期限が異なります。

→名義変更チェックリストP61参照

基礎控除はすべての相続に適用されます

遺産総額からすべての相続人に適用される「基礎控除」に加え、条件（配偶者、未成年者など）に応じた控除もあります。

申告・納税は10カ月以内に

相続税の申告・納税の期限は、相続開始を知った翌日から10カ月以内です。延納や物納も可能です。

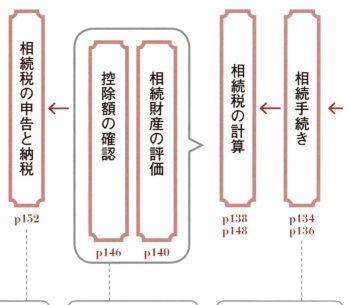

01

遺産を相続するとは？

相続とは故人（被相続人）の財産を引き継ぐことです。プラスの財産だけでなく、借金などのマイナスの財産も相続の対象となります。

すべて相続するのが原則ですが例外もあります

遺産相続とは、故人（被相続人）の財産を相続の権利を持つ人物（相続人）が引き継ぐことです。

相続人は、遺言書の内容や、相続人同士の話し合いによって遺産を相続することになります。

相続の対象となる財産は、土地や建物などの不動産、預貯金、有価証券など多岐に渡りますが、その中には借金のようなマイナスの財産も含まれます。相続人は、財産の所有権を手にするだけでなく、債務も引き継ぐことになります。

しかし、一部例外もあります。たとえば、公的年金や恩給は個人的な権利であり、相続によって他人に移ることはありません。身元保証人※になることで発生した身元保証人としての地位も、信頼関係に基づく個人的な契約であるため相続の対象ではありません（なお、故人に身元保証人として具体的な支払い義務が生じてしまっていたときは除きます）。

また、墓、仏壇、位牌などは「祭祀《さいし》財産」として「祖先の祭祀を主宰すべき者」として選ばれた相続人がすべてまとめて継承します。

※契約時などに故人の身元を責任をもって証明する人のこと

遺産相続の５つの原則

① 死亡した瞬間から相続は開始

相続は、故人（被相続人）が死亡した瞬間から開始し、故人の財産は相続財産となります。通常は相続人が知らなくても相続が開始されます。

② 権利や義務はすべて引き継ぐ

相続の財産にはプラスとなるものだけではなく、借金などマイナスのものもあります。基本的に相続人は選ぶことはできず、すべて引き継ぎます。

③ 遺言書が最優先される

故人の遺言書が発見された場合は、原則としてその内容の通りに相続を行います。

④ 相続人が複数なら分割協議をする

遺言書がなく相続人が複数いる場合は、全員で分割協議をして財産の分け方を決めます。

⑤ 祭祀財産は遺産分割対象外

墓、仏壇などの「祭祀財産」は、「祖先の祭祀を主宰すべき者」として選ばれた相続人がまとめて相続します。

POINT

マイナス財産は放棄もできます

基本的には、故人の借金や住宅ローンなどマイナス財産も引き継がなければなりませんが、負担が大きい場合には放棄する方法もあります。(P126参照)

これだけは知っておこう！ 遺産相続

❶ マイナス価値の財産も対象になる

相続の対象となるのはプラスの価値のものだけではありません。故人の借金なども引き継ぎます。

❷ 相続できないものもある

専属的な権利、義務とみなされる、年金の受給権などは個人的な権利なので相続の対象外です。

❸ 墓や位牌はひとりが引き継ぐ

墓や位牌のような祭祀財産は分割が難しいため、相続人をひとり定め、その人物がまとめて引き継ぐのが一般的。

相続財産の探し方と種類

相続財産の探し方

遺品整理（P56参照）の際に、相続財産になりそうなものを探し、把握しておきましょう。

① 自宅を探す

故人の自宅の棚や金庫、引き出しなど、大切なものを保管していそうな場所を探しましょう。貸金庫の契約をしている場合、大切な書類などが残っている可能性があります。

② 郵便物などをヒントに探す

故人が金融機関や証券会社との取り引きのほか、生命保険の契約をしている場合は、郵便物が届いている可能性があります。金融機関の通帳があれば、引き落としや振り込みの履歴から何らかの返済の有無が見つかることも。

相続財産を見つける手がかりになるもの

- 通帳、カード、金融機関の粗品 → 預貯金・投資信託 など
- 権利証・登記簿謄本・売買契約書 → 不動産 など
- 株券・金融機関からの郵便物 → 有価証券 など
- 借用書・請求書 → 負債 など

③ 不動産は権利関係を確認

故人が所有する不動産の詳細が不明な場合は、登記事項証明書や名《な》寄《よせ》帳などで確認ができます。不動産の登記事項証明書は、本人あてに届いている固定資産税納付通知書などの書類から不動産の番地や家屋番号を調べ、法務局で取得できます。

所有している不動産の確認方法

不動産登記事項証明書の発行

不動産の所有者など権利関係が確認できる証明書。

必要書類：申請書
取得場所：法務局
手 数 料：1通600円（窓口請求・郵送請求）

名寄帳の閲覧

同一市区町村にある故人所有の不動産を確認できる。

提出書類：申請書、故人との関係を証する資料、身分証明書など
取得場所：市区町村役場（東京23区は都税事務所）
手 数 料：市区町村により異なる

財産の種類

故人が残した相続財産がどれにあたるのかを把握しておきましょう。

プラス財産

□現金・預貯金
□不動産（土地・建物）
□株式・公社債
□債権（貸金・売掛金・未収金・手形・小切手）
□損害賠償請求権（交通事故など）
□動産（自動車・家財道具・貴金属・古美術品・絵画・骨董品）
□農地・山林
□電話加入権
□借地権・借家権
□ゴルフ会員権
□生命保険金（故人が自分自身を被保険者および受取人とする保険契約を結んでいた場合）

※故人が愛用していた品物や衣服など、故人を偲ぶ形見分けは高額なものを除いて相続財産の対象と考える必要はありません

マイナス財産

□公租公課《こうそこうか》（未納の税金）
□保証義務（借金の保証義務）
□債務（借金・買掛金・未払金・手形・小切手）
□損害賠償責任（交通事故・不法行為など）

財産とみなされないもの

□祭祀《さいし》財産（仏壇・仏具・位牌・神棚・墓地・墓石・遺骨など）※相続人とは別に継承者を決めます
□香典・葬儀費用
□生命保険金（故人以外が受取人の場合）
□故人が身元保証人となっていた地位
□個人的な権利（公的年金）など

02 相続人は誰か確認する

民法で定められた法定相続人は、故人と一定の血縁関係にある親族と配偶者です。親族は順位に応じて相続権を持ちます。

法定相続人の順位は故人との関係で決まります

相続人は故人の遺言書（P110参照）によって指定された人物と、民法上で定められた「法定相続人」がいます。

配偶者がいる場合、配偶者は常に相続人となりますが、ほかの親族にも故人との関係によって相続権が与えられます。

①第1順位の相続人となるのは故人の子です。子が死亡している場合には孫が、孫が死亡している場合にはひ孫が相続人となります。

②第2順位の相続人となるのは、故人の親です。親が死亡していて祖父母が健在の場合には、祖父母が相続人です。

③第3順位の相続人は故人の兄弟姉妹です。兄弟姉妹が死亡している場合には甥や姪が相続人となります。

相続は順位の高い相続人が優先されます。第1順位の相続人がいない場合に第2順位、第2順位の相続人がいない場合に第3順位の相続人が相続します。

また、法定相続人であっても「相続欠格」や「相続廃除」によって相続権を失うことがあります。

法定相続人の順位

① 第１順位：子（孫）

故人に子がいれば、第1順位の相続人となります。子がすでに死亡している場合、孫がいれば孫が相続人です。

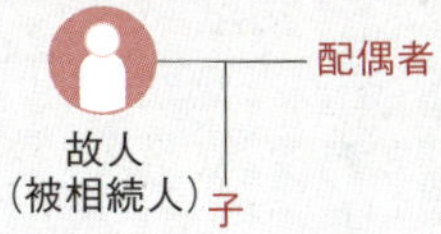

② 第２順位：親（祖父母）

故人に子がなければ、第2順位の相続人である親が（親が死亡していれば祖父母が）相続人になります。

③ 第３順位：兄弟姉妹（甥・姪）

故人に子も親もなければ、第3順位である兄弟姉妹（兄弟姉妹が死亡している場合は甥や姪）が相続します。

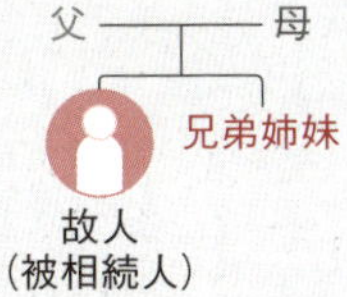

Q&A 相続人が相続権を失うケースとは？

故人に危害を加えたり、遺言書を偽造したりした相続人は、「相続欠格」となり相続権を失います。また、故人を虐待したり侮辱したりした相続人は、故人本人の申し立てがあれば「相続廃除」されます。

代襲相続とは

本来相続人となる人物が、相続開始前に死亡しているとき、その子に相続権が移る場合があります（子の場合は孫、親の場合には祖父母など）。これを代襲《だいしゅう》相続といいます。

これだけは知っておこう！ 法定相続人

❶ 配偶者は常に相続人になる

故人と婚姻関係にある配偶者は、ほかの相続人との組み合わせにかかわらず、必ず相続権を持ちます。

❷ 法定相続人には順位がある

法定相続人には第1から第3までの順位があり、順位の高い相続人から優先的に相続権が発生します。

❸ 相続権を失うこともある

遺言書の偽造・変造などを行ったり、故人に危害を加えたりした相続人は、相続権を失います。

03 相続分の配分を決める

各相続人の相続分は遺言や話し合いで自由に決めることができますが、民法には目安となる「法定相続分」が定められています。

遺言書がある場合は指定相続分が優先されます

遺産を分割する際、各相続人が受け取る遺産を「相続分」といいます。遺言書で指示された相続分は「指定相続分」といい、相続人に異論がない限り、これに従って相続します。

一方、民法には「法定相続分」が定められていますが、必ず守らなければならないというわけではありません。法定相続分は話し合いがまとまらない場合に参考にすることになります。

遺産分割のトラブルでは「法定相続分」が目安です

法定相続分の定めがあるのは故人の配偶者と法定相続人で、比率は相続人の組み合わせによって変化します。

①相続人が配偶者と子（第1順位の相続人）の場合、配偶者と子の相続分は½ずつです。

②相続人が配偶者と親（第2順位の相続人）の場合、配偶者の相続分が⅔、親の相続分が⅓となります。

③相続人が配偶者と兄弟姉妹（第3順位の相続人）である場合、配偶者の相続分が¾、兄弟姉妹が¼となります。

各ケースでの法定相続分

① 配偶者と子のケース
➡ 配偶者 1/2、子 1/2

配偶者と第1順位の相続人で遺産を分割する場合、法定相続分はそれぞれ2分の1です。

② 配偶者と親のケース
➡ 配偶者 2/3、親 1/3

配偶者と第2順位の相続人で遺産を分割する場合、第2順位の相続人の法定相続分は3分の1です。

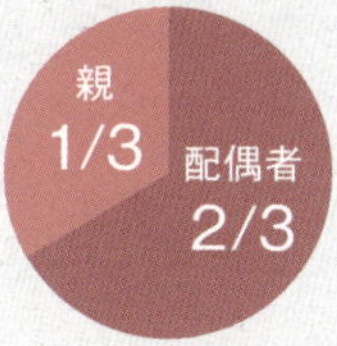

③ 配偶者と兄弟姉妹のケース
➡ 配偶者 3/4、兄弟姉妹 1/4

配偶者と第3順位の相続人で遺産を分割する場合、第3順位の相続人の法定相続分は4分の1です。

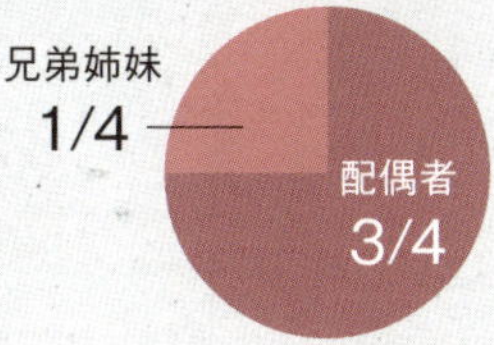

POINT

同一順位の相続人が複数いるとき

同じ順位の相続人が複数いる場合は、原則として、その順位の相続分を人数で割って分配します。たとえば、相続人が妻と子ども2人の場合、妻は2分の1、子どもはそれぞれ4分の1ずつ相続します。

これだけは知っておこう！ 相続分

❶ 相続分は自由に決められる

各相続人が何をどのくらい相続するかは、遺言や相続人同士の話し合いによって自由に決めることができます。

❷ 法定相続分が目安になる

配偶者と法定相続人の相続分については、民法で法定相続分が定められており、目安にすることができます。

❸ 法定相続分は数通りある

法定相続分は相続人の組み合わせによって変化します。どの組み合わせでも配偶者の相続分が最も多くなります。

こんなケースの相続人

事実婚の場合

故人と配偶者が事実婚である場合、その配偶者に相続権はありません。配偶者が相続人となるには、法律上の婚姻関係にある必要があるからです。ただし、子どもは婚姻関係にある夫婦の子と同様に扱います。

POINT

婚姻夫婦と同等に扱われる場面

事実婚の配偶者には相続権が認められませんが、社会保険や遺族厚生年金の取り扱いについては婚姻関係にある夫婦と同等の取り扱いを受けることが可能です。

※事実婚とは、婚姻届を提出していないが、互いに夫婦という意識をもち、生活をともにしている状態のこと

離婚歴がある場合

故人に離婚歴がある場合、元配偶者が相続人となることはありません。しかし、元配偶者との間の子は相続人です。再婚後の子どももいる場合、どちらも被相続人の実子として同等の権利を持ちます。

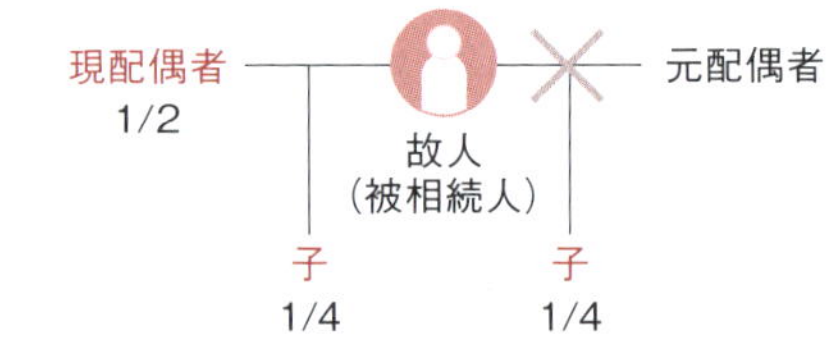

故人の現配偶者と元配偶者の間にそれぞれ子が1人ずついる場合の法定相続分

➡ 現配偶者：2分の1、子：それぞれ4分の1

養子縁組している場合

故人に養子縁組した子がいる場合は、その子も実子と同様の相続権を持ちます。配偶者の連れ子は血縁関係がないためそのままでは相続人にはなりませんが、故人と養子縁組をすれば相続人になれます。

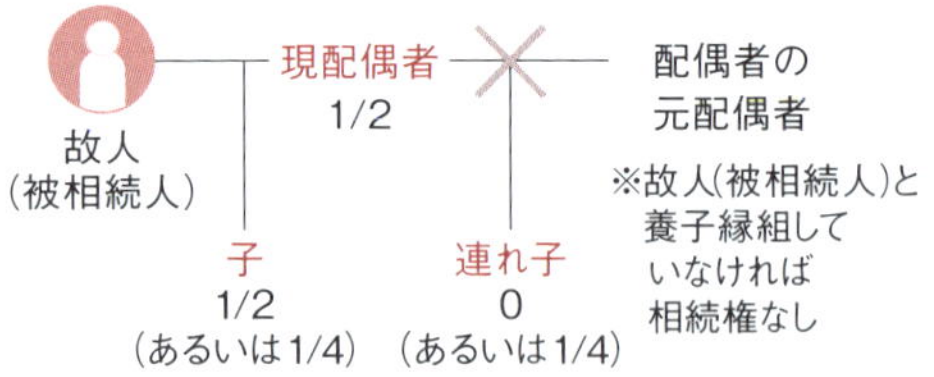

故人の配偶者に連れ子がいる場合の法定相続分

養子縁組していないとき

➡ 配偶者：2分の1、子：2分の1

養子縁組しているとき

➡ 配偶者：2分の1、子：4分の1、連れ子：4分の1

非嫡出子がいる場合

婚姻関係にない男女の間に生まれた子を非嫡出子《ひちゃくしゅつし》といいます。平成25年に民法が改正され、非嫡出子も嫡出子（婚姻関係にある男女の間の子）と同じ割合の相続分が認められるようになりました。

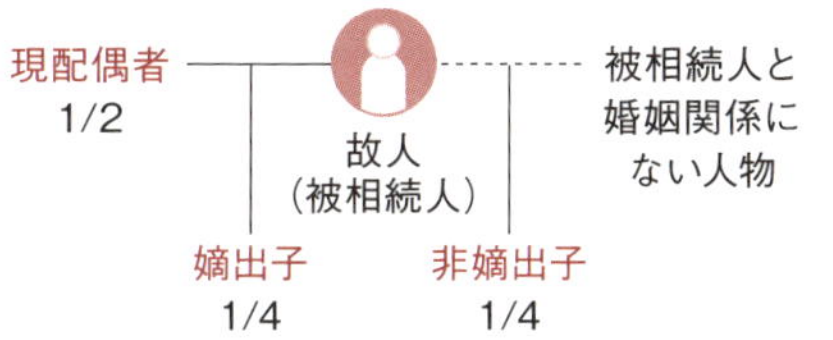

故人と配偶者との間に嫡出子がひとり、婚姻関係にない人物との間に非嫡出子がひとりいる場合の法定相続分

➡ 配偶者：2分の1、嫡出子：4分の1、非嫡出子：4分の1

配偶者が妊娠中の場合

故人が亡くなった際に配偶者が妊娠中であった場合、その胎児も相続人として扱えると民法で定められています。ただし、胎児が死産や流産となった場合には、その相続はなかったものとみなされます。

思わぬ相続人の存在が明らかになったら

相続を進めるためには相続権を持つ人物全員の意思を確認することが必須です。

分割協議の前に思わぬ相続人の存在が明らかになった場合は、すみやかに連絡をとりましょう。事情を説明して分割協議に参加してもらわなければなりません。分割協議の後に新たな相続人が現れた場合、協議はやり直しとなってしまいます。

分割協議をやり直す必要が生じたときは、弁護士などに相談するとよいでしょう。

04

代理人が必要な場合とは？

相続人が未成年や認知症であったり、行方不明であったりして意思の確認が困難な場合は、代理人を立てて相続手続きを行います。

特別な事情のある相続人が対象です

特別な事情のために意思の確認が難しい相続人がいる場合には、代理人を立てる必要があります。その代表的なケースが、「行方不明」「未成年」「認知症」です。

①相続人が行方不明者である場合、家庭裁判所に財産管理人の選任を申し立てます。この財産管理人を代理人として、裁判所の許可を得て分割協議（Ｐ122参照）を行うことができます。

②未成年が法律上の意思表示を行う場合、通常は親が代理人を務めます。しかし、相続に関しては、親も同じく相続人であり利害が対立するため代理人になることができません。このようなケースでは、家庭裁判所に「特別代理人」の選任を申し立てます。

③相続人に認知症や精神疾患の症状があり意思表示が難しい場合には、後見人を代理人として相続手続きを行います。

相続人があらかじめ指定した「任意後見人」がいる場合、その人物が代理人を務めます。後見人を指名していない場合は、家庭裁判所に申し立てることで「成年後見人」が選任されます。

代理人が必要となる相続人

① 行方不明者

相続人が行方不明の場合、家庭裁判所が選任した財産管理人を代理人として相続を進めます。ただし、失踪宣告を受けている場合は必要ありません。

② 未成年者

相続に関係のない特別代理人が必要です。家庭裁判所に特別代理人を選任してもらうこともできます。未成年者が複数いる場合は、それぞれに代理人を立てます。

③ 認知症がある者

相続人の認知能力に問題があったり、意思の確認が難しい場合は後見人が代理人を務めます。後見人は家庭裁判所に申し立てることで選任できます。

Q&A

失踪宣告とは？

船舶の遭難などの危難によって行方不明になった人物や、長期間生死不明の人物を、法律上死亡したものとみなす宣告。

後見人制度とは？

認知症や精神上の障害のある人物に後見人をつけ、財産の管理や契約の代行などの支援を行うための制度。

これだけは知っておこう！ 相続人の代理

❶ 代理人が協議に参加する

意思の確認が難しい相続人には代理人がつき、遺言書の確認や分割協議に参加することで不利になることを防ぎます。

❷ 代理人の種類はケースで異なる

行方不明者の場合は財産管理人、未成年者は後見人、または特別代理人、認知症などは後見人がそれぞれ代理人を務めます。

❸ 親が子の代理をできない

未成年の子どもには代理人が必要ですが、相続権を持つ人物は資格がないため親ではなく特別代理人を選任します。

05

遺言書の有無を確認する

遺言書が遺されていれば、相続はその内容に従って進めるのが原則です。遺言書がなければ相続人同士が話し合って遺産の分割を行います。

遺言書がなければ話し合い、調停や審判を行います

遺言書がある場合とない場合では相続の手続きが異なります。

遺言書に遺産の分割方法や相続人の身分に関する指示が記されている場合、相続はその内容に従って進めるのが原則です。

①遺言書による指示がない場合には、相続人が話し合って相続の方針を決めることになります。これが「遺産分割協議」です。

分割協議による相続の場合、相続人全員が同意できればどのような分け方をしても問題ありません。しかし、ひとりでも納得できない相続人がいる場合は相続を進めることができません。

②どうしても話し合いがまとまらない場合は、家庭裁判所で「遺産分割調停」を行います。

③調停でも歩み寄ることができないという場合に最後の手段となるのが「遺産分割審判」です。遺産分割審判は、審判官が法律に基づいた分割方法を示すことで決着を図る手法です。

遺言が遺されていても、その内容に納得できない場合にはほかの相続人の了解が得られれば、遺言内容と異なる分割協議を行うこともできます。

遺言書の有無と相続の流れ

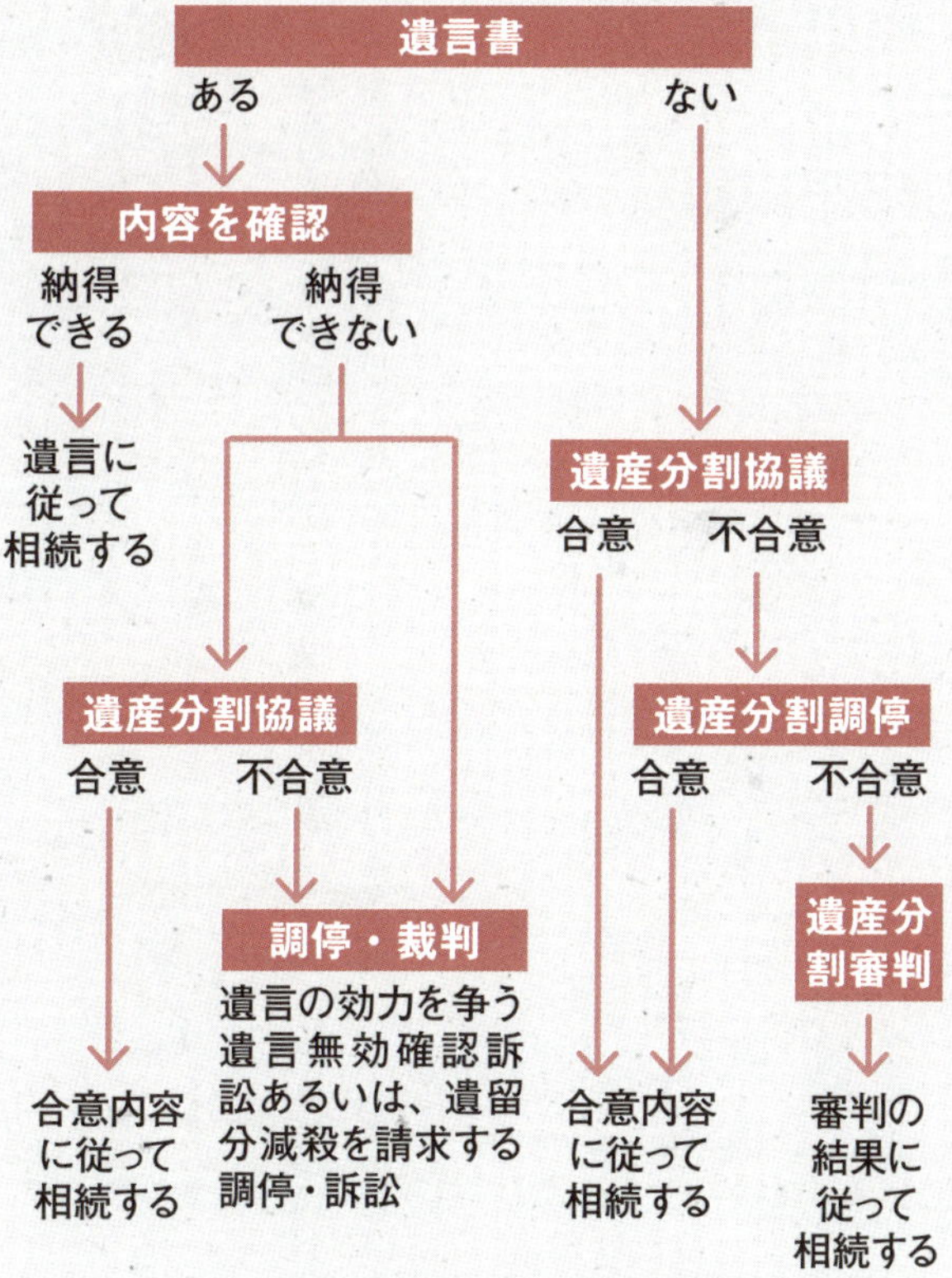

①遺産分割協議
相続人同士で遺産の分割方法を話し合います。全員が同意しなければ相続を進められません。

②遺産分割調停
家庭裁判所で調停委員に意見を述べる形で協議を行います。相続人同士は直接話し合いをしないことが多いです。

③遺産分割審判
調停でも決着がつかない場合に行います。審判官が状況や証拠を調査し、分割方法を示します。

これだけは知っておこう！ 相続と遺言

❶ 遺言書があればその内容に従う

遺言書があれば、故人の最後の意思を尊重するため、そこに示された分割方法に従うのが原則です。

❷ 遺言書がなければ話し合う

遺言書がない場合は、相続人同士で話し合って分割方法を決定します。遺言書に納得できないときも同様です。

❸ 調停や審判が必要なことも

どうしても話し合いがまとまらないときは、家庭裁判所で遺産分割調停や遺産分割審判を行います。

06

遺言書の種類とは？

遺言書は作成時の状況や方法によっていくつかの種類に分けられます。それぞれメリットとデメリットはありますが、効力に差はありません。

一般的な遺言書は普通方式の3種類あります

遺言書は「普通方式」と「特別方式」の2つに分類できます。特別方式とは特別な事情（伝染病での隔離や遭難など）により死期が迫っている場合に作成されるもので、私たちが目にする遺言書の大半は普通方式のものです。

普通方式の遺言書は、さらに「自筆証書遺言」「公正証書遺言」「秘密証書遺言」の3種類に分けることができます。

①自筆証書遺言は、故人本人が全文を書く遺言書です。ひとりで作成できる、最も手軽な形式です。

②公正証書遺言は、公証役場で公証人に記述してもらう遺言書です。故人は口頭で遺言内容を伝えます。費用がかかりますが、専門家が作成するので不備の心配はありません。

③秘密証書遺言は、故人が作成した遺言書を立会い人とともに公証役場に提出する遺言書です。遺言書が真正であるという証拠を残すことができます。

適切な手続きと形式を満たして作成された遺言書であれば、どの種類でも効力は同じです。

普通方式の遺言書の種類

① 自筆証書遺言

本人が日付や署名なども含めた全文を自筆で書いた遺言書。パソコンなどで作成したものは偽造の可能性があるため認められません。記入形式や要件の不備によって無効になることもあります。

② 公正証書遺言

公証役場で公証人に作成してもらった遺言書。2人以上の証人の立会いのもと、公証人に遺言内容を口述することで作られます。書式の不備による無効や、偽造、変造の心配がありません。

③ 秘密証書遺言

本人が作成し封をした遺言書を立会い人とともに公証役場に提出し、氏名や住所、提出日などの記録をとってもらったものです。パソコンや代筆によって書かれたものも有効です。

Q&A

特別方式の遺言書って何？

特別方式の遺言書は、2種類に分けられます。「緊急時遺言」は病気や臨終間近なときや、船や飛行機などの遭難などで死を覚悟したときに残す遺言書です。「隔絶地遺言」は伝染病などで隔離されたり、長期間船の中にいるなど死が迫りつつあるときに残す遺言書です。

これだけは知っておこう！ **遺言の種類**

❶ 普通方式と特別方式がある

遺言書には、一般的な方式である普通方式のほかに、緊急時に用いられる特別方式があります。

❷ 普通方式には3種類ある

普通方式の遺言書は、作成方法により自筆証書遺言、公正証書遺言、秘密証書遺言の3種類に分けられます。

❸ 効力には差がない

必要な書式と要件を満たした同一方式の遺言書であれば、種類によって効力に差が出ることはありません。

07

遺言書を開封するときの注意点

自筆証書遺言や秘密証書遺言は、家庭裁判所での検認が必要です。遺言書を見つけてもすぐに開封してはいけません。

公開の場で開封することでトラブルを防ぎます

遺言書を見つけても、すぐに開封してはいけません。公正証書遺言以外の遺言書は「検認」という手続きが必要です。

検認とは、家庭裁判所で遺言書の状態を確認することで、遺言書はこの手続きの中で裁判官によって開封されます。公の場で遺言の状態を確認することで、偽造や変造などの不正を防ぎ、確実に保管するのが検認の目的です。遺言書の提出を怠ったり、検認を経ないで遺言を執行した場合には、5万円以下の過料《かりょう》※に処される可能性があります。

検認は、遺言書の保管者または発見者が家庭裁判所に申し立てることで始まります。日時が決まったら家庭裁判所から相続の関係者すべてに通知され、検認の当日は、出席者の前で裁判官が遺言書の形式、署名、印などを確認します。その後「検認後証明書」の交付を受けて手続きは終了です。

ただし、検認は遺言書の状態のみを確認する手続きであり、検認を経たからといってその遺言書が有効とは限りません。

※金銭罰（行政罰）だが、罰金や科料とは異なり、刑罰ではない

遺言書の検認の流れ

検認への参加

申し立て人の検認への参加は必須ですが、そのほかの相続人は欠席しても問題ありません。

検認しないと過料に！

検認を受けずに遺言書を開封したり、遺言を執行したりといった場合には、5万円以下の過料に処されます。

▶必要書類

- 遺言書
- 故人の出生から死亡までのすべての戸籍謄本
- 申立人の戸籍謄本
- 相続人全員の戸籍謄本

（遺言書1通につき800円分の収入印紙、連絡用の郵便切手も必要）

「検認申立書」の書き方
→ P188 参照

❶ 検認の申し立て

自筆証書遺言と秘密証書遺言の保管者または発見者が家庭裁判所に申し立てる。

- 申請先　被相続人の住所地を管轄する家庭裁判所
- 期日　遺言書を見つけたらできるだけ早く

❷ 検認日の決定・通知

家庭裁判所が検認日を決定し、すべての相続人に日時を通知する。

- 申し立てから検認までの期間　数週間～数カ月程度

❸ 検認当日

- **遺言書の開封**
  出席者の前で裁判官が遺言書を開封し、形式や署名、印などを確認する。
- **検認済証明書の受け取り**
  開封された遺言書とともに、検認を受けたことを証明する書類を受け取る。

これだけは知っておこう！ 検認手続き

❶ 遺言書は勝手に開封しない

自筆証書遺言と秘密証書遺言は勝手に開封してはならず、家庭裁判所で検認を受ける必要があります。

❷ 検認日まで数カ月の場合も

検認を申し立ててから実際の検認日までは早くても数週間、場合によっては数カ月かかることもあります。

❸ 申し立て人は必ず出席する

検認の申し立てを行った相続人は、当日必ず出席しなければなりません。そのほかの相続人は任意です。

08

遺言執行者が必要なときは？

遺言の内容によっては遺言執行者が必要となることがあります。遺言執行者は未成年と破産者以外なら誰でも務めることができます。

遺言執行者を立てると手続きがスムーズです

遺言書の内容に従って遺産を相続するために何らかの行動を起こすことを「遺言の執行」といいます。

遺産を分割したり相続したりする際には、不動産の相続登記や預貯金の解約・名義変更など、さまざまな手続きが必要です。手続きは各相続人が行いますが、中には「遺言執行者」でなければ執行できない事項があります。相続人の廃除や婚外子の認知に関わる事柄です。

遺言執行者は、未成年と破産者以外は誰でもなることができ、故人（被相続人）が指定できます。

遺言書の中で遺言執行者が指名されていれば、その人物に引き受ける意思があるかを確認します。拒否した場合や、執行者が指定されていない場合は、家庭裁判所に遺言執行者の申し立てを行い、選任してもらいます。

預貯金の名義変更などは相続人全員の戸籍謄本と実印、印鑑登録証明書が必要ですが、準備に手間がかかります。遺言執行者がいれば、それらは必要なく、スムーズに手続きが行えるメリットがあります。

遺言執行者の役割

遺言執行者が必要となるとき

① 相続人の廃除および廃除の取り消し

故人に対する虐待や侮辱を行った人物を相続人から廃除したいという遺言が遺されていた場合、その手続きは遺言執行者が行います。なお、生前であれば被相続人本人が手続きを行います。

② 子の認知

故人に非《ひ》嫡《ちゃく》出《しゅつ》子《し》がいる場合、認知することでその子に相続権が生じます（P107参照）。認知は生前に被相続人本人が行うこともできますが、遺言で指示された場合には遺言執行者が手続きを行います。

相続人だけでもできる

財産目録の作成、相続人への相続分配、預貯金や株式などの解約・名義変更などは、相続人だけでも行えますが、遺言執行者がいる場合は、相続人だけではできず、遺言執行者だけが行えます。

遺言執行者の選任手続き

家庭裁判所へ遺言執行者の選任を申し立てする場合、特に期限はありません。ただし、相続の手続きをする上で期限のある内容（遺《い》留分《りゅうぶん》減殺《げんさい》請求《せいきゅう》は1年以内など）があります。早めに選任手続きをしたほうがよいでしょう。

【必要書類】

- 家事審判申立書（遺言執行者選任）
  ※裁判所のホームページからダウンロード可能
- 故人の除籍謄本
- 遺言執行者候補者の住民票または戸籍附票
- 遺言書の写し
- 戸籍謄本など故人との利害関係を証する資料
- 執行の対象となる遺言書1通につき収入印紙800円分　など

※審理のため追加書類が必要な場合もあります

これだけは知っておこう！ **遺言執行者**

❶ 遺言執行者が必要なケースも

相続廃除（P103参照）や子の認知に関する遺言事項を執行する際、遺言の執行者をひとり立てる必要があります。

❷ 手続きがスムーズになる

遺言執行者が代表して相続にともなう手続きを行うことで、通常の場合よりも作業がスムーズになります。

❸ 家庭裁判所で選任する

遺言に指定がない場合には、家庭裁判所に選任してもらいます。未成年者と破産者以外は誰でもなれます。

09

遺言書に問題があるときは？

遺言書の内容に従えないときは、分割協議で相続内容を新たに決定することもできます。また、偽造や変造などの不正がある遺言書は無効となります。

相続人同士で協議して相続内容を決めます

遺言書が遺されても、内容によってはその通りに分割するのが難しい場合があります。

例えば、遺言書が作成されてから時間が経っているケースでは財産の価値が変動していたり、相続予定者がすでに亡くなっていたりという状況の変化が考えられます。

この場合は、遺言書がない場合と同様に相続人全員で協議し、合意が得られた分割方法で相続することもできます。協議がまとまらなければ「遺産分割調停」、「遺産分割審判」（P132参照）と進むこともあります（ただし、遺言書が存在していれば、遺産分割審判はできないケースが多い）。

また、遺言書が何者かによって偽造、変造されていたり、無理やり書かされたものであったりした場合には効力を持ちません。作成時に故人の判断能力が著しく低下していたと認められる場合も遺言は無効となります。

遺言書の正当性に疑問があれば、まずは話し合いを行うのが基本ですが、協議がまとまらないときは「遺言無効確認訴訟」で争うことになります。

遺言書に問題があるケース

ケース 1 相続人に指定された人物がすでに死亡

遺言書作成後に被相続人（故人）が相続人に指定した人物が死亡しており、遺言書は書き換えられずそのままになっている。

→ 相続人の間で協議して分割を決める

ケース 2 遺言書に記載された財産が実際と異なる

遺言書に書かれた財産が相続発生時には存在しない。あるいは、価値が大幅に変動しているため遺言書の分割方法では不公平になる。

→ 相続人の間で協議して分割を決めることもできる

ケース 3 遺言書作成時の故人の状態に疑問がある

遺言書が作成されたとされる日付けの時期、故人（被相続人）はすでに認知症の症状が進んだ状態で、正常な判断ができたとは考えにくい。

ケース 4 遺言書の形式に不備がある

署名や押印がない、直筆でない（自筆証書遺言の場合）などの不備があり、遺言書が所定の形式を満たしたものになっていない。

→（ケース3・4）遺言は無効になる

これだけは知っておこう！ 遺言に問題があるとき

❶ 全員の合意があれば従わなくてもいい

遺言書の内容が実際の相続時の状況にそぐわない場合、相続人の間で合意が得られれば遺言に従わなくても構いません。

❷ 不備のある遺言書は無効

所定の形式が守られていない遺言書は法的な効力を持ちません。偽造や変造されたものも、もちろん無効です。

❸ 訴訟が必要になることも

遺言書の正当性が疑われる場合、無効であると証明するために遺言無効確認訴訟が必要な場合もあります。

10

相続分に不服なときは？

法定相続人（第３順位を除く・Ｐ102参照）には最低限の相続分が法律で保障されています。この相続分を「遺留分」といいます。

侵害を知った日から１年以内

第2順位までの相続人に保障された相続分

「遺留分《いりゅうぶん》」とは法定相続人が最低限受け取ることのできる相続分です。相続は遺言に従うことが原則ですが、その通りに相続すると非常に不公平な分割となることがあります。このような場合に相続人の権利を守るための制度が遺留分なのです。

遺留分は法定相続分と同様、配偶者と法定相続人について定められていますが、第3順位の法定相続人である故人の兄弟姉妹には遺留分はありません。

自分の相続分が遺留分を下回り不服と感じる場合には、その分を請求することができます。これを「遺留分減殺請求《いりゅうぶんげんさいせいきゅう》」といいます。

請求は、「遺留分の侵害を知った日から1年以内」に、侵害している相続人に対して行います。

請求がすんなり受け入れられるとは限りません。家庭裁判所での調停や訴訟に発展するケースもあるので、弁護士への相談も視野に入れましょう。また、相続した日から10年を経過すると、請求の権利は消滅する扱いとなります。

各ケースでの遺留分

① 配偶者と子のケース
➡ 配偶者 1/4、子 1/4

相続人が配偶者と子の場合、遺留分はそれぞれ全体の4分の1ずつとなります。

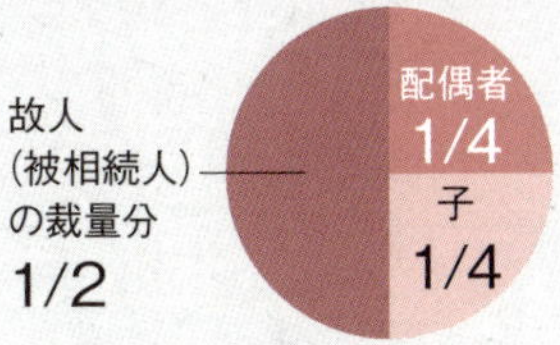

② 配偶者と親のケース
➡ 配偶者 1/3、親 1/6

相続人が配偶者と親の場合、遺留分は配偶者の方が多く全体の3分の1、親は6分の1となります。

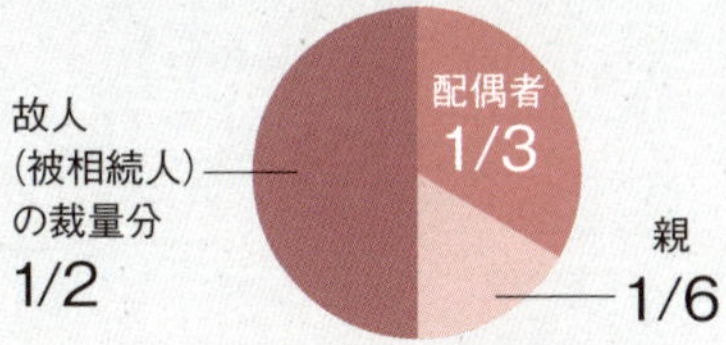

③ そのほかのケース
●配偶者、子のみのケース➡ 配偶者または子 1/2
●親のみのケース➡ 親 1/3

相続分が親のみの場合は故人の裁量分が3分の2、遺留分が残りの3分の1となります。

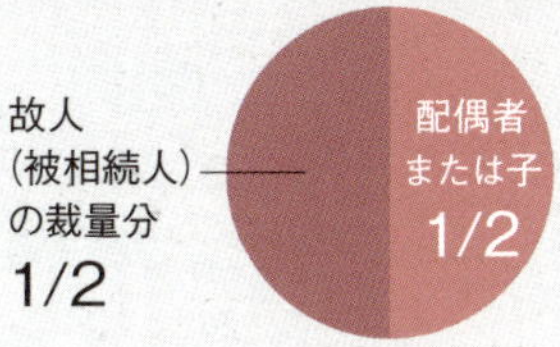

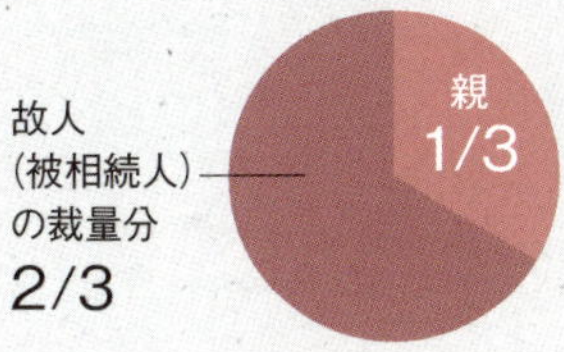

Q&A

Q 被相続人の裁量分があるのはなぜ？

A 裁量分が守られているのは、故人（被相続人）が自分の財産を自由に処分する権利を保障するためです。

これだけは知っておこう！ ➤ 遺留分

❶ 法定相続人に保障されている

遺留分とは、民法によって法定相続人（第3順位は除く）に保障された最低限の相続分のことです。

❷ 遺留分は数通りある

遺留分は相続人の組み合わせによって変化します。また、遺産の半分以上は必ず被相続人の裁量分となります。

❸ 侵害されたら請求できる

相続分が遺留分を下回る場合、侵害している相手に遺留分減殺請求を行い、その分の返還を求めることができます。

11 遺産の分割方法を決める

遺産を実際にどのように分割するかは、遺言または相続人全員での協議によって決定します。

分割方法はそれぞれの事情に即して選択できます

遺言書がない場合や遺言書に納得できない場合は、分割協議を行います。分割協議は、すべての相続人が参加するのが原則です。直接会わずに電話やメールで連絡を取り合っても構いません。

分割は、協議の結果、相続人全員の同意を得た方法で行います。すべての遺産を特定の人物が相続することも、寄付することも可能です。

遺産の分割には「現物分割」「換価《かんか》分割」「代償分割」という3種類の方法があります。

①現物分割とは遺産を現物で各相続人に分ける方法です。

②換価分割は、遺産を売却して金銭に変えた上で分割します。公平に分けることができますが、土地や株式を売却すると税制上不利になることもあります。

③代償分割は、分割できない遺産がある場合、その遺産を現物で受け取った人物が、ほかの相続人に差額を支払うことで公平に分割する方法です。

どの分割方法にもメリットとデメリットがあります。それぞれの事情に応じて最適な方法を検討しましょう。

遺産の分割方法

① 現物分割

➡ 現物をそれぞれが取得

自宅は配偶者、土地は長男、預貯金は長女というように、遺産を各相続人に振り分けて分割する方法です。取得する遺産によって価値にバラつきがでる場合があります。

② 換価分割

➡ すべて金銭にして分割

土地や不動産などを売却し、現金にした上で分割します。公平に分割したいとき、分割すると財産価値が下がるときに用います。ただし、売却にともない譲渡所得税などの税金が発生する遺産もあるので注意が必要です。

③ 代償分割

➡ 差額を支払うことで公平に

不動産や土地などの分割しづらい遺産があるとき、ひとりの相続人がその遺産を相続し、ほかの相続人に現金で差額を支払うことで相続割合を公平にする方法です。

これだけは知っておこう！ **遺産分割**

❶ 分割協議は全員参加

遺産分割協議の際は、必ず相続人全員の意思確認が必要です。やりとりは電話やメールでも問題ありません。

❷ 分割方法は状況に応じて

相続時の状況に応じて現物分割、換価分割、代償分割などの方法を組み合わせ、最適な分割を行いましょう。

❸ 換価分割時の税金に注意

遺産を金銭化するために売却する際、種類によっては所得税や住民税がかかるものがあるので注意が必要です。

12 特別受益と寄与分とは？

相続人が故人（被相続人）の生前に受けていた財産の分配を「特別受益」、被相続人の財産の維持や増加に貢献した分を「寄与分」といいます。

公平な分割のため特別受益や寄与分を考慮します

各相続人が生前の故人から受けた財産上の利益や、故人の財産への貢献を遺産分割に反映するための制度が「特別受益」と「寄与分」です。

①特別受益は、ある相続人がほかの相続人と比較して多めに金銭援助を受けていた場合に、その分を相続財産の前渡しとみなします。たとえば、結婚の際の支度金や不動産購入時の資金援助などがあてはまります。

②寄与分とは、故人の財産の形成や維持に貢献した相続人が、その貢献分を遺産総額からあらかじめ差し引いて取得できるという制度です。

たとえば寄与分は、故人が行っていた事業に無報酬で従事していた場合、債務を肩代わりした場合、故人を扶養して生活を支えたり看護や介護をしたりした場合などに発生します。ただし、看護や介護は、親族間の扶養義務を越える特別な寄与と認められる場合に限られます。

どの程度の貢献を寄与とみなすのかが明確ではないため、寄与分の金額算出は特別受益よりも複雑になります。

特別受益と寄与分の計算方法

① 特別受益

遺産額に特別受益の金額を足す

↓

合計した金額を遺産総額として各相続人の相続分を算出

↓

特別受益があった相続人は相続分からその金額を差し引いた分を相続する

〈 特別受益に該当するもの 〉

- 婚姻や養子縁組のための贈与
  持参金や結納金など
  (挙式費用は含まれない)
- 生計の資本としての贈与
  開業資金や住宅購入費用の援助、借金の肩代わりなど

② 寄与分

遺産総額から寄与分の金額を引く

↓

差し引いた金額を遺産総額として各相続人の相続分を算出

↓

寄与分があった相続人は相続分にその分の金額を足した分を相続する

〈 寄与分に該当するもの 〉

- 相続人の事業に無報酬で従事し、財産の維持と増加に寄与した
- 被相続人を扶養して財産の維持と増加に寄与した
- 被相続人の療養看護を行うことで医療費の支出を回避させるなどして財産の維持と増加に寄与した

これだけは知っておこう！ 特別受益と寄与分

❶ 特別受益は前渡しとみなす

相続人が故人から特別受益を得ていた場合は、相続財産の前渡しとみなして相続分を算出します。

❷ 寄与分は遺産から差し引く

相続人の寄与によって故人の財産が維持、増加されていた場合は、その分を遺産総額から差し引いて計算します。

❸ 金額は協議して決める

特別受益や寄与分は協議して決定します。協議がまとまらなければ家庭裁判所の調停や審判によって定めます。

13 相続を放棄するときは？

マイナスの財産が多いなどの理由で相続をしたくないときは、放棄することも可能です。期日までに家庭裁判所に申し立てましょう。

承認・放棄の申請は相続開始から3カ月以内

相続を放棄したいときは3カ月以内に申請します

相続人は故人の財産を引き継ぐ権利を持ちますが、その権利は放棄することもできます。

相続では借金などの負債も引き継がなければならないため、明らかにマイナス財産（P101参照）が多く負担になる場合には、相続を放棄したほうがよいかもしれません。

相続放棄は、相続を開始した日（通常は故人が亡くなった日）から3カ月以内に家庭裁判所に申し立てることで認められます。ただし、債務の存在を後から知った場合には、3カ月以上経過していても申請が認められることがあります。

相続を放棄すると遺産に関するいっさいの権利を失うことになります。マイナスの財産だけを放棄し、プラスの財産は受け継ぐということはできません。

注意しなければならないのは、いったん相続を放棄すると取り消しはできないということです。代襲《だいしゅう》相続（P103参照）も適用されないので、相続を放棄した人の子どもに相続権が移ることもありません。相続を放棄するかどうかは慎重に検討しましょう。

相続の放棄と承認

相続を放棄する

遺産相続に関する権利と義務を手放すことを放棄といいます。家庭裁判所へ手続きしたら、「相続放棄申述受理証明書」が発行されます。

●申請期限
相続開始から3カ月以内

●申請と手続き
故人の住所地を管轄する家庭裁判所に申請
➡ 受理されたら相続放棄の事実を債権者に伝える

相続を承認する

遺産の相続を放棄せずに受け入れることを承認といいます。承認には、無条件に相続する「単純承認」と、マイナスの財産をプラスの財産の範囲内でのみ相続する「限定承認」があります。

●申請期限
相続開始から3カ月以内

●申請と手続き
故人の住所地を管轄する家庭裁判所に申請
➡ 受理されたら5日以内に限定承認の事実を債権者および受遺者（遺言によって遺産を相続する人）に対し公告し、申し出の催告をする

POINT

相続放棄の取り消し

相続放棄は原則として取り消すことができません。ただし、詐欺や脅迫によって放棄した場合は例外です。

「相続放棄申述書」の書き方
→ P190 参照

これだけは知っておこう！ 相続放棄

❶ すべての権利を失う

相続放棄とは相続に関するすべての権利を手放すことです。マイナス財産だけ放棄することはできません。

❷ 相続放棄は取り消せない

一度受理された相続放棄は原則として取り消せません。代襲相続も適用されないので注意が必要です。

❸ 限定承認という方法もある

マイナス財産が多い、債務がどれくらいかわからない場合に限定承認をとる方法も。弁護士へ相談を。

14 家業がある場合の相続は？

後継者がいる場合、その人物が事業に関する遺産を引き継ぎます。会社経営の場合は故人の持ち分の株や出資金が相続対象です。

事業に関する財産も分割の対象になります

故人が自営業者であった場合、店舗や設備も相続財産です。遺言書に記載があれば従いますが、ない場合、後継者以外の相続人が相続分を主張すれば分割することになります。

しかし実際には、分割して事業を継続するのは困難であり、相続のために家業をたたむという事態もありえます。また、自営業では事業用資金とそれ以外の財産に区別が明確でないことがほとんどです。

そのため、後継者がほぼすべての遺産を相続し、そのほかの相続人に代償金を支払うという方法をとる場合が多いようです。相続人が事業を継承する際には、個人事業開業届などの書類を提出することが求められます。

一方、故人が会社を経営していた場合、相続財産となるのは故人の持ち分の株式や出資金です。経営権が自動的に相続人に移るわけではありません。

また、会社が持つ不動産や事業資金、有価証券などは会社の資産となります。故人の財産ではないので相続の対象ではありません。

故人の事業を引き継ぐ

会社経営の場合

故人が経営していた会社がある場合、相続人は故人が所有する株や出資金を継承することになります(手続きの仕方はP144参照)。会社が保有する資金や土地は相続の対象ではありません。

自営業の場合

自宅が店舗を兼ねていたり、事業用の資金と個人資産の区別がなかったりという場合がほとんどです。後継者がまとめて相続し、換価《かんか》分割(P122参照)などを行うのが現実的な方法となるでしょう。

Q&A

分割すると事業継承が難しくなるときは？

家業に関する不動産や株式などを分割し、複数の人が権利を得ると会社の後継者が経営を続けるのが難しくなる場合、後継者となる相続人に「寄与分」として家業に関する財産をできるだけ相続できるようにします。

(寄与分が認められるポイント)

1. 給料やその対価となるものを受け取っていない(無償性)
2. 長期にわたって続いている(継続性)
3. 臨時などではなく仕事として従事している(専従性)
4. 故人との間に期待される扶養義務の範囲を超えている

など

これだけは知っておこう！ 家業の相続

❶ 引き継ぐか廃業するか

故人が自営業を営んでいた場合、相続人はその事業を引き継ぐか廃業するか選択する必要があります。

❷ 分割方法を考える

家業を継続しながら遺産を分割したい場合は、後継者とほかの相続人とで話し合い、換価分割などを選択します。

❸ 会社の資産は相続できない

故人が会社を経営していた場合、会社名義の資産は個人のものではないので相続の対象ではありません。

15 分割協議の内容を残す

遺産分割協議の結果、誰が何を相続することになったかは遺産分割協議書を作成し記録を残しておくのが賢明です。

合意内容を書面に残しておきます

分割協議がまとまり各相続人の相続分が決まったら、その内容を「遺産分割協議書」にまとめます。

遺産分割協議書の作成は義務ではありません。しかし、不動産の名義変更の登記や故人の預貯金の引き出しなど、いくつかの手続きでは必須となります。

また、合意内容を書面に残しておくことは相続人同士のトラブル防止にもつながります。遺産分割協議書の書式に明確な規定はありません。特別な資格も必要ないので相続人自身で作成することができます。ただし、必ず押さえなければならないポイントがいくつかあります。

相続の対象となった遺産はすべて記載しましょう。不動産は登記簿通りの情報を、預貯金は銀行の支店名や口座番号まで記入します。

分割方法と割合はできるだけ具体的に記入します。各相続人の署名と捺印は、全員の同意を示すための大切な要素です。署名は自筆で、捺印は実印で行い、印鑑登録証明書を添付するようにしましょう。

分割協議書を書くときのポイント

- 不動産は登記簿通りに表記する
- 金融機関は支店や口座番号も表記する
- 相続人全員の実印を押し、印鑑登録証明書を添付する
- 相続人の人数分を作成し、それぞれ保管する
- 別途財産目録も作成する

「遺産分割協議書」の見本・フォーマット→ P210 参照

分割協議書が無効になるケースがあります！

➡ 協議書に欠陥があるとみなされ作り直しが必要

不動産の表記が不明確だったり、預貯金の口座が特定されていなかったりするときは、無効になるので、分割協議書の作り直しが必要になります。名義変更などに提出する書類として利用できません。

➡ 再度分割協議をして最初から作り直しが必要

協議書を作る際に判明していなかった新たな相続人の出現や、新たな財産の発見、または他人のものだったと発覚したなどの場合には、遺産分割協議自体をやり直し、分割協議書を新たに作成する必要があります。

これだけは知っておこう！ 遺産分割協議書

❶ 相続手続きで必要な場合も

遺産分割協議書の作成は義務ではありませんが、相続手続きによっては提出を求められることもあります。

❷ 誰でも作成できる

遺産分割協議書は弁護士や司法書士でなくとも作成できます。形式や項目などの規定も特にありません。

❸ すべての遺産を記載する

相続の対象となった遺産すべてについて記載し、登記簿の情報や預貯金の口座番号などを具体的に記入します。

16

分割協議が不成立なら？

遺産分割協議がまとまらないときは、遺産分割調停、遺産分割審判を行って、遺産の分割方法を確定します。

調停や審判は家庭裁判所で行います

　分割協議は相続人全員の合意がなければ成立しません。特別受益や寄与分（P124参照）のような判断の難しい事項がある場合や、分割できない遺産がある場合など、どんなに話し合っても意見が対立してしまうこともあります。

　そのようなケースで行うのが「遺産分割調停」です。家庭裁判所で第三者の仲介を受けながら話し合いを続けます。

　遺産分割調停は、家庭裁判所で調停委員2名の仲介のもと協議を行う手続きです（調停委員会は、裁判官ないし調停官1名、調停委員2名の計3名で構成されます）。相続人同士が直接話し合うのではなく、相続人それぞれが調停委員会に主張を述べ、それを調停委員会がほかの相続人に伝えます。

　それでも合意に至らず調停が不成立の場合、自動的に「遺産分割審判」へと進みます。不満があれば高等裁判所に抗告《こうこく》することになります。調停に回数制限はありませんが、精神的負担も大きいので早期和解が望ましいです。

調停・審判の流れ

分割協議が不成立

↓

調停の申し立て

調停の相手となる相続人の住所地の家庭裁判所に申し立てます。

「遺産分割調停申立書」の書き方→ P192 参照

↓

調　停

指定された期日に家庭裁判所に出頭します。調停は調停室で非公開で行われます。申し立て人と相手は交代で部屋に入るため顔を合わせないことも多いです。

成立 → **調停調書の作成**

合意内容が調書にまとめられます。調書の内容が実行されない場合には、強制執行も可能になります。

不成立 → **審　判**

調停が不成立の場合、審判が開始されるのが通常の流れです。裁判官による審判結果は強制力を持ちます。

調停は月に1回程度行われ、3～4回の話し合いで終わるのが一般的です。回数に制限はないので、2年以上解決しないということもあります。このような場合は精神的にも負担がかかります。

↓

分割を実行し、相続する

これだけは知っておこう！ 遺産分割調停・審判

❶ まずは調停に進む

分割協議がまとまらないときは、遺産分割調停へと進みます。調停では調停委員を仲介に話し合いを行います。

❷ 調停の次は審判に進む

調停でも合意が得られないときは、遺産分割審判へと進みます。審判は家庭裁判所の審判官が行います。

❸ 審判結果には拘束力がある

審判で示された結果は、法的拘束力を持ちます。ただし、不服があるときは高等裁判所に抗告することもできます。

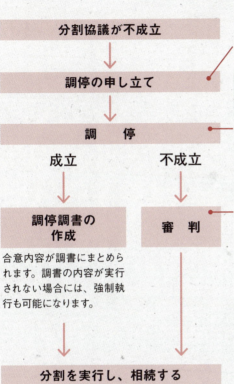

17

手続きの進め方は？

遺産を実際に相続する際には、名義変更などの手続きが求められます。
必要な書類を確認し、事前に用意しておきましょう。

相続手続きを完了して遺産を取得します

遺言や分割協議によって誰が何を相続するかが決まったら、各相続人は相続分を取得するための手続きを開始します。

家財道具のような物品や現金であれば、受け取ることで相続は終了です。しかし、不動産や預貯金など何らかの届け出が必要な遺産もあります。

たとえば、所有者の情報が登録されている財産を受け継ぐ場合は、変更を届け出なければなりません。不動産であれば相続登記、預貯金であれば名義の変更や解約、有価証券や車などであれば名義の変更が必要です。

変更する際には、その人物が新たな所有者で間違いがないか判断するため、遺産を相続したことを証明する書類の提出を求められます。

手続きで必要となる代表的な書類は、故人の戸籍謄本、相続人の戸籍謄本、相続人の実印と印鑑登録証明書など（P80参照）です。

書類が欠けていたり不備があったりした場合には変更が認められません。どのような書類が必要か、手続き前に確認しておきましょう。

各遺産の相続手続き

① 相続する財産を調べる

預貯金や不動産など、相続財産を確認し、どのような手続きが必要になるのかを確認しましょう。

② 必要書類を集めて記入

戸籍謄本や印鑑登録証明書など、用意しなければいけない書類を取り寄せます（P81参照）。

③ それぞれの手続きを行う

申請書に記入をし、必要書類を添付するなどの準備をして、名義変更などの手続きを完了させれば財産を取得できます。

Q&A

後から財産が見つかったら？

分割協議後に財産が見つかったら、遺産分割協議をやり直す必要があります。トラブルが生じる恐れがあるので、事前に新たに見つかったらどのように分割するのかを分割協議の際に決め、分割協議書（P130参照）に記しておきましょう。相続税の税額も変更になるので、あとから相続した分も早めに手続きを行います。

※相続人がひとりの場合はそのまま相続。遺言書に対処方法があればそれに従います

各手続き方法はP136へ

これだけは知っておこう！ 相続手続き

❶ 相続人が各自で行う

相続人は、自分が取得する遺産について、名義変更や解約などの相続手続きを行わなければなりません。

❷ 必要書類を用意する

相続手続きには、戸籍謄本や遺言書、遺産分割の結果を示す書類、相続人の署名や印鑑登録証明書などが必要です。

❸ 手続き先を調べる

相続手続きは、不動産は所在地の登記所（法務局）、預貯金は各金融機関、上場株式は証券会社で行います。

各種相続の手続き方法

① 不動産
（手続き先：不動産所在地の管轄の法務局）

土地や家屋などの不動産は、故人から相続人へ名義変更し、登記の登録申請をする必要があります。完了すれば、「登記識別情報」（登記済権利証の代わりとなるもの）が発行されます。相続人が複数いる場合は、遺産分割協議書などの書類も必要になります。

※登記手続きはオンラインでも可能です
登記・供託オンライン申請システム
http://www.touki-kyoutaku-net.moj.go.jp

必要書類

- □相続登記申請書
- □戸籍謄本
- □改製原戸籍・除籍謄本
- □住民票
- □評価証明書
- □登記簿謄本

※名義変更の手続きの必要書類は
P61参照

期限と費用

期限はありませんが、長期間そのままにしておくと、変更前に相続人が亡くなって次の相続権利が複雑になることも。費用は課税価格の0.4％（登録免許税）です。

---

② 自動車
（手続き先：管轄の陸運局）

相続人への名義変更が必要で、管轄の陸運局に「移転登録申請書」を提出します。売却や廃車にする場合も一度相続人が引き継ぐ形になるので名義変更が必要です。原付や小型二輪車も相続の対象になるので、同様に手続きします。

期限と費用

期限はありませんが、自動車の売却を考えている場合、時間が経つと価値が変動します。手続きの費用は手数料が500円（ナンバー変更がない場合）です。

必要書類

- □移転登録申請書
- □自動車検査証
- □自動車税申告書
- □遺産分割協議書
（印鑑登録証明書つき）
- □戸籍謄本
- □自動車保管場所証明書
- □手数料納付書

※名義変更の手続きの必要書類は
P61参照

③ 株式・有価証券（手続き先：証券会社）

まずは証券会社に問い合わせ、相続手続きに必要な書類や申請の仕方を確認しましょう。相続人が証券会社に口座を持っていない場合は、口座開設の申し込みも必要です。売却の予定でも取り引きのため一度開設します。提出し、名義変更ができれば手続き完了です。期限は特にありません。売却をする場合は、名義変更後に売却の手続きをします。

自社株を保有していたら

会社経営者などで自社株を持っていた場合、所定の手続きがあり複雑なので、会社の顧問税理士に相談します。

証券会社を通していなかったら

会社名を確認し、有価証券を発行している会社に問い合わせて手続きを行います。

必要書類

※証券会社によって異なります

- □遺産分割協議書
- □印鑑証明書
- □戸籍謄本　　　など

④ 預貯金（手続き先：各金融機関）

電話などで相続の発生を金融機関に伝えると口座が凍結されます（P58参照）。相続手続きは金融機関により異なりますが、まず窓口で届出用紙を受け取り、必要書類とともに提出するのが一般的です。複数の金融機関と取り引きしているということもあるので、まとめて書類を取り寄せるなど準備を進めることをおすすめします。期限は特にありません。

必要書類

※金融機関によって異なります

- □相続人の身分証明書
- □通帳
- □カード
- □各金融機関の申請書
- □遺産分割協議書
- □戸籍謄本
- □印鑑証明書　　　など

⑤ 死亡保険金（手続き先：保険会社）

契約している保険会社に連絡し、死亡の事実を伝え、提出書類の確認をします。保険金の受取人は契約で指定されています。受け取りによって税の種類が異なるので注意しましょう（P72参照）。

⑥ そのほかの相続

- ゴルフ場やリゾート会員権
  - ➡ 各管理会社へ連絡し、相続の手続きを行う
- 電話加入権
  - ➡ 固定電話の電話加入権は、加入承継届出書と被相続人（故人）と相続人の戸籍謄本をNTTへ届け出ます

18

相続税とは？

相続税は、相続によって得た財産に対して課される国税です。相続人の人数に応じた基礎控除が適用されます。

相続開始を知った翌日から10カ月以内

相続税がかからないケースもあります

相続税とは、相続や遺贈《いぞう》によって相続人が取得した財産にかかる国税です。相続開始を知った翌日から10カ月以内に申告と納付をすませるのが原則です。

ただし、相続税はすべての財産にかかるわけではありません。課税対象にならないものもあり、非課税財産といいます（P142参照）。

相続税は、遺産の総額から非課税財産、債務、葬式に関する費用を差し引いた金額に課税されます。

課税価格がわかったら、法定相続人の人数から基礎控除額を計算します。課税価格の総額が基礎控除額よりも少なければ相続税は発生しません。基礎控除額を上回る場合は、その分が相続税の対象となります。

左ページで相続税納付までの基本的な流れを確認し、それぞれの解説ページで詳細を確認・算出してみましょう。

税務署への申告、納税は必ず期日を守りましょう。現金で一括納付するのが難しい場合には、延納や物納を申請することもできます（P154参照）。

相続税の基礎知識

相続税納付までの流れ

❶ 遺産総額を算出する
（P140参照）
→ 現金や預貯金以外の遺産も金銭的価値に置き換えて計算します。

❷ 課税価格の総額を計算する
（P142参照）
→ 非課税財産（公益事業のための財産、祭祀《さいし》財産など）、債務、葬式に関する費用は差し引きます。

❸ 基礎控除額を計算する
（P146、148参照）
→ 控除とは一定の金額を差し引くことです。相続税には基礎控除や配偶者控除などが設けられています。

❹ 各相続人の相続税額を計算する
（P151参照）
→ ❷・❸の算出を用いて、相続人それぞれが支払う相続税額を算出します。

❺ 相続税の申告・納付を行う
（P152参照）
→ 相続開始を知った翌日から10カ月以内に行います。申請すれば延納や物納も可能です。

これだけは知っておこう！ 相続税

❶ 課税されない場合もある

対象となる遺産が基礎控除額以内であれば、相続税は発生しません。控除額は条件によって変わります。

❷ 課税されないものもある

慈善活動や研究など公益事業のための財産、寄付金、祭祀財産などは非課税財産として遺産から差し引きます。

❸ 納付期限を必ず守る

相続税の申告、納付の期限は相続開始から10カ月以内です。ただし、申請すれば延納できる場合もあります。

19 相続税の対象を確認する

保険金や退職金、生前に贈与された財産も相続税の対象となる場合があるので条件を確認しましょう。

相続税の対象とならない財産

遺産の中には、相続税の対象となる財産と、対象とならない財産があります。墓地や墓石、仏壇、神を祭る道具など祭祀《さいし》に関する道具、慈善活動や学術的な研究など公益事業のための資金、国や地方公共団体への寄付金には相続税はかかりません。

また、死亡保険金や死亡退職金のうち「５００万円×法定相続人の人数」の金額は非課税になると定められています。

相続税の対象となる財産

相続税の対象となる財産は、

①相続や遺贈《いぞう》で得た財産（故人の死亡にともなって受け継いだ財産のうち金銭に換算できるもの）

②みなし相続財産（死亡保険金など故人の死亡によって発生した財産）のうち非課税分を上回る分

③生前に贈与された財産（故人が亡くなる3年以内に贈与されたもの）

の3種類です。

相続財産の価値は相続開始日の時価で計算するのが基本ですが、生前に贈与された財産は贈与時の価格で評価します。

相続税の課税対象となる財産

① 相続や遺贈で得た財産

故人（被相続人）の死亡にともなう相続や遺贈で得た自宅や土地、預貯金や有価証券など。金銭的価値のあるものはすべて含まれます。

Q&A 遺贈とは？

遺言書の指定によって財産の一部または全部を贈与することをいいます。

② みなし相続財産

故人（被相続人）の死亡によって発生した財産のうち、死亡保険金と死亡退職金については、「500万円×法定相続人の人数」を上回る金額は課税対象となります。(P142参照)

〈具体例〉

- 死亡保険金
- 死亡退職金
- 受給権
- 生命保険契約に関する権利
- 個人年金

など

③ 生前に贈与された財産

故人（被相続人）が亡くなる3年以内に贈与された財産は、贈与税の基礎控除額（110万円）以内であっても相続税がかかります。

〈注　意〉

「相続時精算課税制度」を利用していた場合は、贈与財産と相続財産を合計して相続税を計算し、支払い済みの贈与税との差額を支払う。

これだけは知っておこう！ 相続税の対象

❶ 対象となるのは3種類

相続税の対象となる財産は、相続や遺贈で得た財産、みなし相続財産、生前に贈与された財産の3種類です。

❷ 保険金には非課税分がある

みなし相続財産である死亡保険金や死亡退職金のうち「500万円×法定相続人の人数」の金額までは非課税です。

❸ 贈与時の時価で計算する

生前に贈与された財産の評価は贈与時の価格で行います。その後の価値の変動は考慮されません。

 次のページに続く

課税・非課税財産一覧

課税財産	相続財産	現金・預貯金		
		株式・有価証券		上場株式・投資信託・公社債など
		土地	田畑	自用地・貸付地・耕作権など
			宅地	住居用・事業用・貸宅地・借地権など
			山林	普通山林・保安林など
			その他	牧場・鉱泉地など
		建物		家屋など
		家財道具		冷蔵庫、箪笥などすべての家財道具
		芸術品		貴金属・絵画・書画・骨董・宝石など
		乗物		自動車・船舶など
		家業		商品・製品・原材料・営業権・機会資材・会社名義の自動車や船舶設備など
		そのほか		ゴルフ会員権・電話加入権・貸付金・打掛金・受取手形など
	みなし相続財産	死亡退職金		退職金・功労金など
		死亡保険金		生命保険金・損害保険金など
		受給権		退職年金の継続受給権
		そのほか		生命保険契約に関する権利・年金に関する権利
	贈与財産	相続開始より3年前以内に受けた贈与財産		
		相続時精算課税制度を利用した贈与財産		
非課税財産	祭祀財産	墓地・墓石・仏具・仏壇・位牌など		
	公益目的の事業用財産	宗教、慈善、芸術など公益を目的とする事業に使用した財産		
	特定寄与	相続税の申告までに国や地方公共団体、公益目的の団体に寄付した財産		
	控除	生命保険金、死亡退職金にかかる非課税分の財産		

財産の評価方法

すべての相続財産に評価が必要です

相続税を計算するために、右ページの表の「相続財産」にあたるものは、すべて評価をしなければなりません。財産それぞれに評価の基準があり、それを合わせて計算するため、作業は複雑になります。

特に、不動産の評価は難解です。土地と家屋に分け、さらに土地は田・畑・山林などの種類に分けて評価する必要があり、計算方法も異なります。

相続税の評価・計算は税理士が行いますが、不動産の評価の専門家には、不動産鑑定士もいます。評価や計算は、専門家に依頼するほうが、間違いがなく安心でしょう。

財産の評価

① 預貯金

預貯金の評価方法は普通預金と定期預金で異なります。普通預金の評価額は相続開始日の残高、定期預金は「相続開始日の残高＋相続開始日に解約した場合の利息」となります。

② 家財・自動車

家具・家電などの家財や自動車などは「調達価格」（評価時に同等のものを買った場合の価格）で評価します。家財はものによってはリサイクルショップの価格も参考にされます。

評価方法	
普通預金	死亡日の残高
定期預金	死亡日の残高＋利息（源泉税は差し引く）
家財（家具・家電など）	死亡日の時価
自動車	死亡日の時価

POINT

評価額は時価が基本！

相続財産の評価は、相続を開始した時点でのその財産の価値を基準に行うのが基本です。

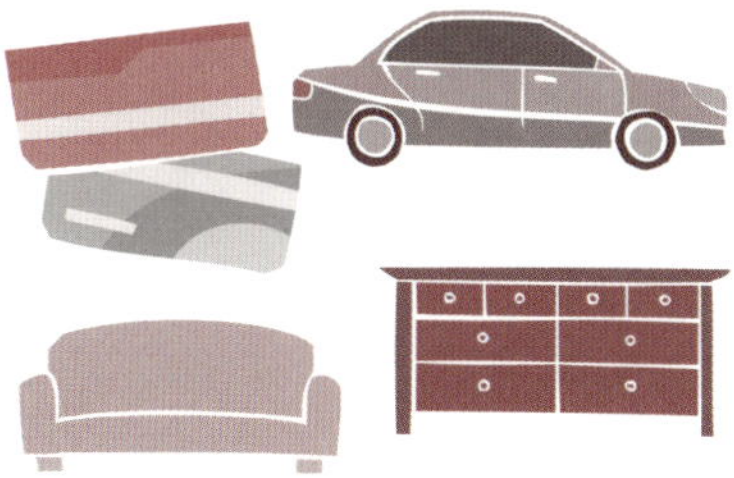

 次のページに続く

③ 株式

株式には「上場株式」「気配相場のある株式」「非上場株式」に分かれ、種類によってそれぞれ評価方法が異なります。

「上場株式」は証券取引所で取り引きされている株です。「気配相場のある株式」は取引所に上場されてはいないが、証券会社で売買が行われる株式のことです。この2つ以外はすべて「非上場株式」と呼ばれます。非上場株式は特に評価方法が複雑なので、税理士へ相談するのをおすすめします。

株式の評価方法

上場株式	課税時期（死亡日）の最終価格で評価 ただし、株価の変動を考慮し、「亡くなった月」「その前月」「その前々月」の終値平均額の最も低い額で評価されることもある
気配相場のある株式	「登録銘柄・店頭管理銘柄」株式 →日本証券業界が公表している取引額で評価 「公開途上にある株式」 →公開価格で評価
非上場株式	会社のオーナーなど、株主がその会社に経営支配力がある場合 →「原則的評価方法」で評価 支配力が弱いそのほかの株主の場合 →「特例的評価方式」で評価

非上場株式の場合は２つの方式を利用して評価されます

原則的評価方式

会社の規模（従業員数、総資産価格、年間取引金額など）を大・中・小に分けて判断し、さらに評価の計算方法が異なります。

特例的評価方式

会社の規模にかかわらず、直近２年間の配当金額をもとに評価されます。

不動産の評価

① 土地

市街地にある土地は、その土地が面した道路の価格（路線価）をもとにする「路線価方式」で評価します。一方、郊外など路線価が定められていない地域の土地は「倍率方式」で計算します。どちらの方式を用いるべきかはあらかじめ決められています。

② 家屋

家屋の評価額は、自用であれば固定資産税評価額そのままです。貸家の場合は、評価額から借家権割合を控除します。借家権割合はその地域に応じて決められています。

③ 借地

借地権（土地を借り、そこに家を建てて住む権利）も課税対象です。評価額は「土地の評価額×借地権割合」で求めます。借地権割合は国税庁のホームページに公開されています※。

	路線価方式	倍率方式
計算式	土地の評価額＝路線価×土地の面積	土地の評価額＝固定資産税評価額×倍率
調べる方法	「路線価図」は年に1度改定されます。税務署で閲覧できます。国税庁ホームページでも公表されます。	「倍率」は地域ごとに定められて、路線価と合わせて発表されます。国税庁ホームページでも公表されます。

POINT

小規模宅地の特例もあります

土地の評価額を求めたとき、一定の土地の課税価格が8割引、または5割引になるという特例があります。基本的には「故人の居住用または事業用だった土地」が対象ですが、さまざまな要件があるうえ、計算方法も複雑なので、専門家に確認しましょう。

不動産の評価方法

土地	宅地	（路線価方式）路線価×面積 （倍率方式）固定資産税評価額×倍率
土地	借地権	自用地の評価額×借地権割合
土地	貸宅地	自用地の評価額×（1－借地権割合）
土地	貸家の敷地	自用地の評価額×（1－借地権割合×借家権割合×賃貸割合）
建物	自宅	固定資産税評価額×1.0
建物	貸家	固定資産税評価額×（1－借家権割合）

※「路線価」「評価倍率」は国税庁ホームページでも確認できます http://www.rosenka.nta.go.jp/

20 控除が適用される場合とは？

基礎控除はすべての相続に適用されます。そのほかにも相続人の条件に応じた控除制度がいくつかあるので確認しましょう。

相続分が控除額を下回れば相続税は発生しません

遺産の総額からすべての相続人に無条件で適用されるのが「基礎控除」です。基礎控除額は「3000万円＋（600万円×法定相続人の数）」で計算することができます。ただし、養子がいる場合は計算時に制限があります。また、相続放棄した相続人も人数に含まれます。

相続税の税額控除は基礎控除のほかに、相続人の事情を考慮して適用される控除もあります。たとえば、遺族のその後の生活を保障するために「配偶者控除」「未成年者控除」「障害者控除」があります。

また、故人が相続税を過去10年以内に納税していて（生前に財産を取得し相続税が課せられていた）重なる場合には「相次相続控除」、故人が亡くなる3年以内に贈与を受け、贈与税を支払っている場合は「贈与額控除」など、納税の負担を軽減するための控除もあります。

このような特例を受けるにはさまざまな要件があるので、税理士などに相談しましょう。控除額が、相続分を上回った場合、相続税はかかりません。

相続税の控除の種類

基礎控除額

3000万円+(600万円×法定相続人の数)

相続放棄した相続人も人数に含めます。
養子は条件によって制限があります。
(実子がいる場合はひとり、実子がいない場合は2人まで人数に含まれます)

※2015(平成27)年以降の相続開始分から

相続人ごとの主な控除

配偶者控除 ▶	被相続人(故人)の配偶者の相続分は1億6000万円まで、それ以上の場合は法定相続分(2分の1)までが非課税となります。
未成年者控除 ▶	相続人が未成年のときは、「相続開始から満20歳になるまでの年数×10万円」の金額が控除対象となります。
障害者控除 ▶	相続人に障害があるときは、「相続開始から満85歳になるまでの年数×10万円」の金額が控除対象となります。

これだけは知っておこう! **税額控除**

❶ 基礎控除額を計算する

すべての相続が対象となる基礎控除額は「3000万円+(600万円×相続人の数)」で計算できます。

❷ 人数の数え方に注意

控除額を算出する際の法定相続人には、相続放棄した相続人も含めます。また、養子についても規定があります。

❸ 各相続人に対する控除も

基礎控除のほかに、条件によって各相続人の相続分から控除できる規定があるので確認しましょう。

相続税の計算方法

①課税価格の総額算出

相続財産 ＋ みなし相続財産 ＋ 相続開始前3年以内の贈与

－ 非課税財産（P142参照） － 債務 － 葬式費用

＝ 課税価格の総額

まず、相続税の課税対象となる価格を計算します。すべての相続財産を金銭的価値に置き換えて総額を出し、そこに死亡保険金や死亡退職金などのみなし相続財産、相続開始前3年以内に相続人が被相続人（故人）から受けた贈与を足しましょう。そこから課税対象とならない非課税財産、借金などの債務、葬式費用を差し引きます。

②基礎控除額の算出

3,000万円

＋

600万円×法定相続人の数

＝

基礎控除額

※2015（平成27）年以降の相続開始分から

基礎控除はすべての相続に適用される控除です。実際の相続人の人数ではなく、法定相続人の人数で計算することに注意しましょう。

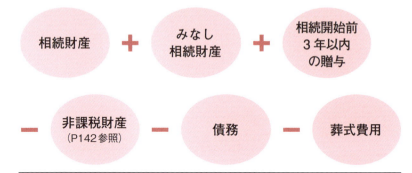

③相続税額の算出

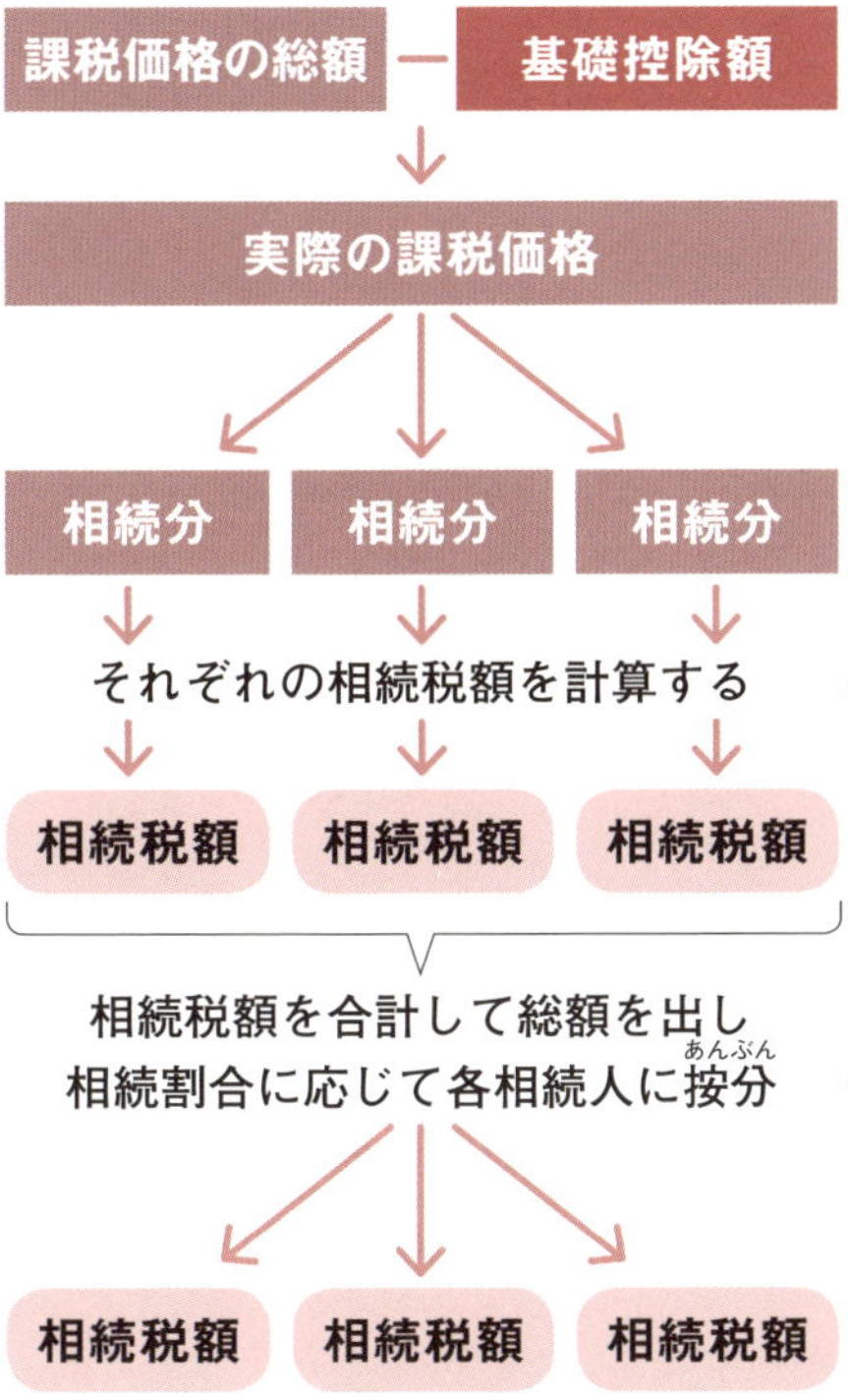

1）まず、課税価格の総額（右ページ①）から基礎控除額（右ページ②）を引き、実際の課税価格を出します。

2）各相続人の相続額を割り出します。

3）それぞれの相続税額を求めます（相続税率は金額に応じて異なるので下記の表から確認してください）。

4）実際は、必ずしも法定相続分で分割するわけではありません。按分計算してそれぞれの相続税額を出します。

5）算出された額が、実際に支払う相続税額になります。

※「配偶者控除」「未成年控除」などがあてはまる場合は、さらに差し引く

相続税率と控除額の早見表

相続税額	相続税率	控除額
6億円超	55%	7,200万円
6億円以下	50%	4,200万円
3億円以下	45%	2,700万円
2億円以下	40%	1,700万円
1億円以下	30%	700万円
5,000万円以下	20%	200万円
3,000万円以下	15%	50万円
1,000万円以下	10%	控除額なし

相続税率は相続税額に応じて異なり、金額が高いほど税率も高くなります。

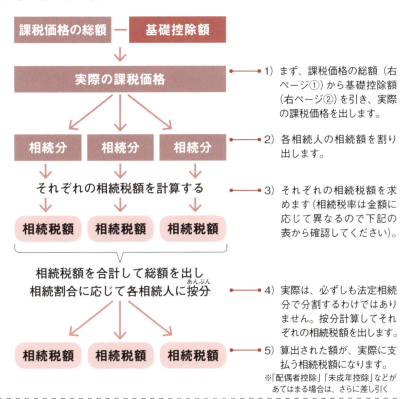

〈 計算例 〉　下記の設定での相続税の計算方法を参考にしてみてください。

① 相続総額を算出する

相続人：妻、長男(25 歳)、次男(18 歳)

相続財産

自宅…………………… 8,000 万円
預貯金……………… 4,000 万円
そのほか…………………… 300 万円
みなし相続財産…………… 0 円
非課税財産………………… 0 円
ローンなどの債務…… 500 万円
葬式費用…………………… 200 万円

② 課税価格の総額を計算する

8,000万円+4,000万円+300万円－500万円－200万円
＝1億1,600万円

マイナス財産や葬式費用は差し引いて計算する

③ 基礎控除額を計算する

3,000万円＋（600万円×3）＝4,800万円

基礎控除額は 3,000 万円＋(600 万円×法定相続人の数)

④ 実際の課税価格を計算する

1億1,600万円－4,800万円＝6,800万円

課税価格の総額（②）－基礎控除額（③）で求める

控除額4,800万円（③）＜実際の課税価格 6,800万円（④）⇨相続税が発生します

⑤ 各相続人の法定相続分に基づき相続税額を計算する

妻 ▶ 6,800万円×1/2 = 3,400万円

長男 ▶ 6,800万円×1/4 = 1,700万円

次男 ▶ 6,800万円×1/4 = 1,700万円

法定相続分は
p104 参照

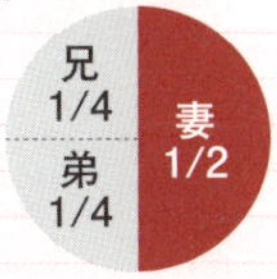

子 1/4：配偶者 1/2

⑥ 相続税の総額を計算する

相続税額×相続税率－控除額＝各相続人の相続税

妻の相続分にかかる相続税 ▶ (3,400万円×20%) －200万円 ＝ 480万円

長男の相続分にかかる相続税 ▶ (1,700万円×15%) － 50万円 ＝ 205万円

次男の相続分にかかる相続税 ▶ (1,700万円×15%) － 50万円 ＝ 205万円

相続税率と控除額の早見表は p149 参照

相続税の総額　890万円

⑦ 各相続人の実際の相続割合に応じて相続税の総額を按分《あんぶん》

(実際に取得した相続割合が妻1/2、長男1/4、次男1/4だった場合)

妻が支払う相続税 ▶ 890万円×1/2万円＝445万円➡配偶者控除の適用※1
＝0円

長男が支払う相続税 ▶ 890万円×1/4万円＝222万5,000円

次男が支払う相続税 ▶ 890万円×1/4万円 －20万円➡未成年者控除の適用※2
＝202万5,000円

それぞれの相続税は

妻 ▶445万円、長男 ▶222万5,000円、次男 ▶202万5,000円

※1 妻の相続分は「配偶者控除」(P147参照) が受けられれば、445万円が引かれゼロとなります

※2 子が20歳以下であれば「未成年者控除」が受けられます (P146参照)
【上記の次男の例：2年 (20歳になるまでの年数) ×10万円=20万円】

※自宅不動産について「小規模宅地特例」の適用が受けられることもあります (P145参照)

 ※計算例はあくまでも目安です。相続税額については税理士や弁護士などに相談しましょう

21

相続税の申告と納付を行う

相続税の申告と納付は、故人の住所地を管轄する税務署で行います。期限を過ぎると税金が加算されるので注意しましょう。

相続開始を知った翌日から10カ月以内

修正があるときは速やかに手続きしましょう

相続税の申告と納付は、故人（被相続人）が死亡したのを知った日の翌日から10カ月以内に行います。期限を過ぎた場合は税務署が相続税額を決定し、「無申告加算税」として5～15％の税金が加算されてしまいます。

申告先は被相続人の住所地を管轄する税務署ですが、直接行くのが難しければ必要書類を郵送することも可能です。

相続財産が控除内に収まれば申告の必要はありません。申告の必要の有無を確認するため税務署から申告書が送られることがありますが、その旨を書面にして送付します。その際、財産評価を行った証拠を提出しなければならないこともあります。

税務署申告後に新たな財産が見つかった、申告内容に不足があった場合は、速やかに「修正申告」を行う必要があります。

反対に、実際よりも多い税額を申告してしまった場合は、申告期限から5年以内（1年以内や2カ月または4カ月以内とされるものもあるので注意）に「更正の請求」を行うことで過払い分の還付を受けることができます。

相続税の申告と納付

手続きの概要

期　　限：相続開始を知った翌日から10カ月以内

申告・納付先：故人の住所地を管轄する税務署

必要書類：P157参照

期限を過ぎると税の加算が！

申告を怠れば脱税とみなされ、延滞税や加算税が課されてしまいます。通常の納税額に対して5～15%の加算が目安です。

「相続税申告書」の書き方
→P194参照

Q&A

期限内に分割できないときは？

申告期限内に遺産分割が決まらない場合は、法定相続分に従って相続したと仮定して税の申告を行い、分割確定した後に修正や更正を行います。

申告後に新たな財産が見つかったら？

速やかに修正申告を行います。財務調査が行われるまでに修正申告をすれば延滞税はかかりません。

払い過ぎたときは？

相続税の申告期限から5年以内（1年以内や2カ月または4カ月以内とされるものもあるので注意）に更正の請求を行えば、過払い分が払い戻されます。

これだけは知っておこう！ 納付の仕方

❶ 申告、納付は期限までに

相続税の申告、納付の期限は相続開始を知った翌日から10カ月以内です。必ず守りましょう。

❷ 期限を過ぎると課税される

期限を過ぎたら、さらに税金が加算されてしまいます。悪質とみなされれば税率も高くなるので注意が必要です。

❸ 分割前でも支払える

期限までに分割協議がまとまりそうにないときは、法定相続分通りに分割したと仮定して相続税を支払います。

相続開始を知った翌日から10カ月以内

22 延納や物納をするには？

相続税の支払いが難しいときは「延納」や「物納」の制度を活用します。申告、納付の期限までに税務署に申請しましょう。

条件を満たせば延納・物納ができます

相続税は現金で一括納付するのが原則です。しかし、期限までに支払うのが難しい場合は「延納」を申請することも可能です。延納とは税額を数回に分割して納めることです。

延納は、以下の条件をすべて満たすことで認められます。

❶相続税の額が10万円を超える
❷現金での一括納付が困難
❸延納額に相当する担保を提供する
❹納付期限までに延納申請書を提出する

ただし、延納すると納税額に利子が加算されます。

延納しても納税が困難な場合は、現金の代わりに物で納めることができます。これを「物納」といい、条件は次の通りです。

❶延納でも金銭での納付が困難
❷物納財産が相続財産であり日本国内にある
❸物納財産が不適格な財産に該当しない
❹納付期限までに物納申請書を提出する

物納できる財産には順位があり、上位の財産がある場合にはそちらが優先されます。

延納と物納の概要

延納 相続税を複数回に分割して支払います。納税額に利子が加算されます。

延納期間と利子の割合の例

遺産のうちの不動産の割合	税のかかる対象	最長延納期間	利子の割合
75%以上	動産などにかかる延納税額	10年	5.4%
	不動産などにかかる延納税額	20年	3.6%
50%以上75%未満	動産などにかかる延納税額	10年	5.4%
	不動産などにかかる延納税額	15年	3.6%

※なお、延納期間中の利子の割合等については、変動があったり、特例割合が適用されることもありえますので、延納申請の際、所轄税務署で確認してください

物納 現金の代わりに物で納めます。物納できる財産の優先順位は決まっています。

優先順位

第1位 国債、地方債、不動産、船舶
第2位 社債、株式、証券投資信託または貸付信託の受益証券
第3位 動産

物納できないもの

- 係争《けいそう》中の財産
- 共有の財産
- 担保権がついている財産
- 売却の見込みのない財産
- 譲渡制限のある財産

など

これだけは知っておこう！ 延納と物納

❶ 分割して税を支払う

相続税を一括で納めるのが難しいときは、延納を申請し分割払いにすることができます。ただし利子がつきます。

❷ 物納は延納でも払えないとき

延納しても税金を支払える見込みのないときは、金銭ではなく物を納めることで支払いに代えることができます。

❸ 物納には順位がある

物納できる財産とできない財産があります。また、物納可能な財産には優先順位が定められています。

相続・相続税に関する手続き一覧

【相続に関する手続き】

手続き内容	必要となるケース	期限
遺言書検認申立	遺言書があった場合	遺言書を発見後すぐ
相続限定承認申立	プラス財産の範囲内で債務を返したいときなど	相続開始から3カ月以内
相続放棄申述	借金が多く、相続人の権利を放棄したいとき	相続開始から3カ月以内
遺産分割協議	相続人の間で遺産分割につき協議を成立させたいとき	相続開始から10カ月以内が望ましい（相続税申告を考慮）。なお、それ以降でも協議を成立させることはできる（P152参照）
遺産分割調停申立	遺産分割協議が不成立だったとき	必要に応じて
遺産分割審判申立	遺産分割協議が不成立だったとき	必要に応じて
遺《い》留《りゅう》分《ぶん》減《げん》殺《さい》請《せい》求《きゅう》	遺留分（P120参照）が侵害され、遺留分を請求するとき	相続開始および減殺されるべき贈与、遺贈があったことを知ってから1年以内

【相続財産に関する手続き】

手続き内容	期限	窓口
銀行預金の名義変更・解約	遺産分割後すぐ	銀行
株式の名義書換	遺産分割後すぐ	信託銀行または証券会社
自動車移転登録	遺産分割後すぐ	運輸支局
借地、借家の契約名義変更	遺産分割後すぐ	家主、地主
不動産の所有権移転登記	遺産分割後すぐ	不動産所在地を管轄する法務局
相続税の申告・納付	相続開始を知った翌日から10カ月以内	故人（被相続人）の住所地を管轄する税務署

【相続税申告に必要な書類一覧】

	必要書類		
身分証明	故人（被相続人）が生まれてから亡くなるまでの戸籍謄本・除籍謄本		
身分証明	故人（被相続人）の経歴書		
身分証明	相続関係説明図		
身分証明	相続人全員の戸籍謄本		
身分証明	法定相続人全員の印鑑証明書		
身分証明	法定相続人全員の住民票		
身分証明	遺産分割協議書または遺言書のコピー		
財産証明	ほとんどの人が必要	土地・建物	固定資産税評価証明書、不動産登記簿謄本、名寄帳、路線価図、建物賃貸借契約書など
財産証明	ほとんどの人が必要	現金・預貯金	預貯金残高証明書（相続開始日現在のもの）、預貯金通帳コピーなど
財産証明	ほとんどの人が必要	有価証券	有価証券の保護預かり証コピー、有価証券残高証明書（相続開始日現在のもの）、非上場株式、国債の残高証明書など
財産証明	ほとんどの人が必要	退職金	退職金の支払い調書など
財産証明	ほとんどの人が必要	保険・年金	死亡保険金の支払い通知書、年金証明書、保険証書など
財産証明	ほとんどの人が必要	葬儀費用	領収書、帳簿など
財産証明	ほとんどの人が必要	債務など	準確定申告書、国税・地方税の領収書または通知書、借入借用書、賃貸借契約書など
財産証明	該当する場合に必要	生前贈与財産	贈与契約書、贈与税申告書、預貯金通帳、有価証券取引明細書など
財産証明	該当する場合に必要	障害者	身体障害者手帳
財産証明	該当する場合に必要	相次相続	前回の相続税申告書

※上記は一般の場合についてのものです。とりつけられない書類がある場合など、詳しくは税務署、税理士に確認してください

COLUMN 4
こんなときどうする？

生前贈与を受けていたら

贈与の時期を確認する

相続開始前3年以内に受けた贈与は相続税の対象となります。4年以上前に受けた贈与は相続税の対象にはなりませんが贈与税が課税されます（控除される場合もあります）。

住宅資金

故人の子や孫が住宅購入資金の援助としての贈与を受けた場合、最大で3000万円までは非課税となります。ただし、年齢や所得、床面積などの条件が定められているので注意しましょう。条件によっては、非課税限度額が異なってきます。

教育資金

故人から子や孫への教育資金の贈与は、ひとりにつき最大1500万円まで非課税です。ただし、金融機関などと管理契約を締結することや、贈与を受ける人物名義の口座、実際の教育資金の領収書の提出などが必要となります。

結婚・子育て資金

子や孫が結婚・子育てのための費用として贈与を受けた場合、平成27年から1000万円まで非課税となりました。ただし、教育資金と同じく細かな条件が定められています。

夫婦間贈与

夫婦間の贈与には特例が定められています。たとえば住居を購入するための費用であれば2000万円まで非課税となります。婚姻期間が20年以上であることなどが条件で、適用されるのは一度だけです。

※相続税の対象とならないものも、年月日、金額などが必要になることを考えて贈与契約書を作っておくとよいでしょう

第5章

その後の供養

納骨・四十九日法要の流れ

納骨の時期に決まりはありませんが、初七日から四十九日の間、特に四十九日法要と同時に行うのが一般的です。

四十九日法要の準備 p174 → お墓の購入 p162 → 埋葬方法の決定 p166 → 納骨準備 p164

葬儀直後に日程の調整を

四十九日《しじゅうくにち》法要まで時間の余裕がないため、葬儀直後に僧侶と相談して日時を決定しましょう。

新たに建てる場合は情報収集を

墓地の購入、墓石の建立、開眼《かいげん》法要のお布施などの予算がかかります。情報を集めていくつか候補を出し、下見をしてから決定しましょう。

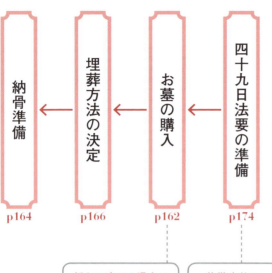

位牌と仏壇の購入
p168

←

日常の供養とお墓参り
p170

←

お盆とお彼岸
p170

←

四十九日法要・納骨
p164
p174

←

年忌法要
p172

制作に時間がかかるので早めの手配を

本位牌は四十九日の法要までに用意しておく必要があるので、2週間ほど余裕を持って依頼しましょう。

地域によって習慣が違います

お盆の日にちや習慣は地域によって違います。わからない場合は寺院などに相談しましょう。

三十三回忌で弔い上げとします

一周忌までを「喪中」といいます。一周忌・三回忌は僧侶や親族を招いて法要を行うことが多いですが、七回忌以降は遺族のみで行うのが一般的です。

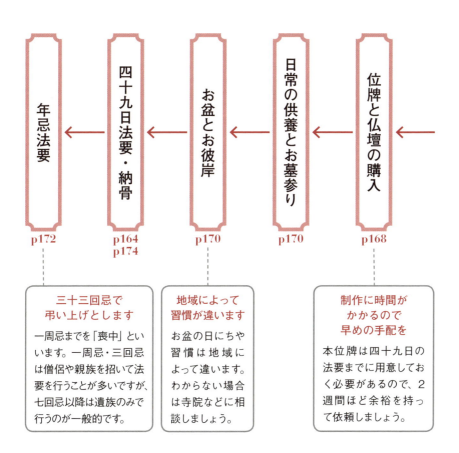

01

お墓選びで気をつけることは？

墓地は候補をしぼったあとに下見をして決定しましょう。墓地によっては石材店やお墓のデザインが決まっていることもあるので確認を。

墓地、墓石それぞれにさまざまな種類があります

新たにお墓を建てる際にはまず、墓地の情報収集が大切です。寺院墓地であれば直接菩提寺《ぼだいじ》に、公営墓地なら県や市の広報、民間墓地は新聞チラシやインターネットで情報を集めます。集めた情報から希望の予算や環境、交通の便などにあてはまる候補をいくつか選び、下見をしてから最終的な結論を出しましょう。

墓地を購入したら、次は墓石などを用意します。墓石は石材店に依頼して建ててもらいますが、公営墓地や民間墓地の中には石材店が指定されている場合もあります。指定石材店はほかより割高なこともあるので、事前に確認しましょう。

墓は建てた後もメンテナンスが必要になるので、アフターケアもしっかり対応してくれる信頼できる石材店を選ぶのがおすすめです。

墓石に使われる石は風化に強く、磨くと光沢の出る御影石《みかげいし》が一般的です。最近では赤系や緑系などさまざまな種類の墓石がありますが、関東では黒系、関西では白系の墓石が好まれる傾向があります。

お墓を建てるのにかかる費用

（主な内訳）

墓地の永代使用料
20万～300万円

＋

墓石の建立費
50万～200万円

＋

開眼法要の御布施
5万～10万円

＝

平均総額
平均150万～400万円

金額は墓地やお墓の種類、規模により大きく異なりますが、まとまったお金が必要になります。予算の総額から永代使用料や開眼《かいげん》法要などの費用を引き、残りの予算を建立費にあてるとよいでしょう。

〈すでにお墓がある場合〉

家墓《いえはか》がある場合は、墓地の管理者に納骨《のうこつ》の時期について相談します。四十九日《しじゅうくにち》や一周忌など、法要と同時に納骨し、宗教者を招いて納骨の儀式（P164参照）を行うのが一般的。宗教者の都合もあるため、早めに依頼をしておきましょう。

〈お墓のデザイン〉

デザインは宗教ごとに決まった形がありますが、自由にデザインすることも増えています。和型のお墓に比べ、洋型のお墓は少ない墓石量で作れて形状も自由にできるため、宗教問わず人気があります。ただし、寺院墓地ではデザインが決められている場合もあるので、事前に確認しましょう。

これだけは知っておこう！ お墓選び

❶ 生前にお墓を建てる

仏教では生前にお墓を建てることは「寿陵《じゅりょう》」と呼び功徳が高い行為とされており、節税の面でもメリットがあります。

❷ 墓地は必ず下見に行く

墓地は費用だけでなく交通の便や立地条件、管理者の対応なども考慮に入れ、実際に確認するようにしましょう。

❸ 建墓ローンを取り扱う石材店も

墓石建立にはまとまった金額が必要になります。建墓《けんぼ》ローンを取り扱っている場合もあるので確認しましょう。

02

納骨はいつ行う？

納骨は法要、特に四十九日法要に合わせて行うのが一般的です。ただし、間に合わない場合は長期間保管していても問題ありません。

四十九日法要後

法要に合わせて納骨するのが一般的です

　故人の遺骨をお墓に納めることを「納骨《のうこつ》」といいます。納骨は法要に合わせて行うのが一般的で、中でも四十九日《しじゅうくにち》の法要後に行うケースが多いようです。ただし、納骨は義務ではないので遺骨を自宅や寺院で長期間保管しても問題ありません。

　納骨は遺族とごく親しい知人のみで行います。仏式の場合、僧侶を招いて納骨式を行います。お墓の中に遺骨を納め、僧侶による読経の後、焼香を行うのが基本です。新しいお墓であれば納骨前に「開眼《かいげん》法要」（入魂式）も必要です。これは墓石に魂を入れて仏塔とする儀式で、読経や焼香を行います。

　また、浄土宗以外では参列者が「卒塔婆《そとば》」を供えて故人を供養する慣わしがあります。卒塔婆とは経文や戒名を書いた木の板のことで、事前にお寺に知らせ用意してもらわなければなりません。納骨の際はカロート（納骨棺）を開けることになるので墓地管理者や石材店にも事前に連絡をとっておきます。当日は遺骨のほかに墓地の埋葬許可証などを持参します。

納骨の儀式に用意するもの・お金

必要なもの

- 死体埋葬許可証
- 墓地の使用許可証
- 印鑑
- 遺骨
- 本位牌（P168参照）
- 線香
- 供物、供花《くげ》など

礼金

- **僧侶へのお布施**
  納骨式のみなら3万～5万円
  開眼法要も行う場合は5万～10万円ほど
- **僧侶へのお車代**
  5千～1万円（送迎をした、タクシーを手配した場合はお車代は不要）
- **僧侶への御膳料**
  1万円（会食に参加しなかった場合に渡す）
- **卒塔婆**
  1本3千～1万円
- **石材店担当者への心づけ**
  1万円（工事費用に含まれていない場合に渡す）

Q&A

神道とキリスト教の場合は？

神道では火葬後すぐに埋葬するか、忌明けの「五十日祭《ごじゅうにちさい》」に合わせて「埋葬祭」を行います。

キリスト教では火葬後すぐに埋葬するのが一般的ですが、最近では死後1カ月後の命日である召天《しょうてん》記念日まで待つことが増えています。

分骨の納棺の場合は？

墓が遠方のため骨の一部を近くに納めたい、故人の遺言で分けて納骨してほしいなどの場合には、分骨することができます。分骨をする場合は、火葬（P42参照）の際に、葬儀会社と火葬場に依頼します。あらかじめ骨壷を用いて分けておき、通常の納棺と同様に墓に納めます。分骨証明書（墓地管理者からもらえます）が必要になります。

これだけは知っておこう！ 納骨

❶ 四十九日を過ぎるときは一周忌に

お墓を新たに建てるなどの事情で納骨が四十九日に間に合わない場合は、一周忌を目安に行うとよいでしょう。

❷ 納骨後にお斎を行う

親族、故人と親しかった人、宗教者を招いて納骨式を行ったあとに、香典返しの意味も含めてお斎（会食）を行います。

❸ 卒塔婆の本数は事前に確認を

卒塔婆供養を行う場合、僧侶に納骨式のお願いをする際に準備してもらいます。参列者の人数を伝えましょう。

03

お墓以外の埋葬方法とは？

家族単位ではなく広く共同で遺骨を納める「合葬墓」や、海や山に散骨する「自然葬」など、埋葬にもさまざまな方法があります。

合葬墓や自然葬という選択肢もあります

遺骨は先祖や家族の墓に納骨《のうこつ》するのが一般的でしたが、近年ではさまざまな埋葬方法が選ばれるようになっています。

その中でも際立って増加しているのが遺骨を合同で埋葬する「合葬墓《がっそうぼ》」です。合葬墓には寺院が運営するもののほか公営や民営もあり、数年単位で契約を更新するものや永代供養のものなどタイプもさまざまです。

墓という形にこだわらず、遺骨を自然に還すことを「自然葬」といいます。日本には自然葬について定めた法律はなく、常識の範囲内であれば「散骨」することも可能です。散骨を行う場合、そのまま遺骨をまくことはできません。業者に依頼して遺骨を細かく砕いて海や山に散骨します。実際には、すべて散骨するのではなく、一部を散骨し残りは墓に納めるというケースが多いようです。

また、樹木葬は自然葬であり、合葬墓の一種でもある埋葬方法です。遺骨を土に埋め、そこに墓石の代わりとなる木を植えます。遺骨は骨壷に入れる場合と直接埋葬する場合があります。

埋葬の種類とポイント

散骨葬

遺骨の一部を細かく砕いて山林や川、海などにまきます。自然回帰、故郷への帰郷、思い出の地で眠るといった故人の希望で行われることがあります。散骨場所は遺族が判断するのではなく業者に相談して決めましょう。

合葬墓

管理者に半永久的に供養をお願いする「永代供養墓《えいたいくようぼ》」の一種で、家族単位ではなく広く共同で遺骨を納める納骨室を共有して埋葬します。永代供養といっても、30～50年間など期限が設けられている場合が多いので注意が必要です。

樹木葬

遺骨を土の中に埋め、その上に墓石の代わりに樹木を植えます。人工物を用いず、里山の保護、自然環境保護にもつながっているため、近年人気が高まっています。埋葬場所は定められており、樹木葬専用の墓地があります。

手元供養

いつでも故人のそばにいたいという遺族の思いを反映した、遺骨の一部、もしくは遺灰を身近に置いて供養する方法です。専用容器やペンダントなどに納めます。将来、納骨する可能性がある場合は墓地の管理者から分骨証明書をもらいましょう。

これだけは知っておこう！ さまざまな埋葬

❶ 遺骨そのままでは散骨できない

遺骨をそのまま散骨することは法律で禁止されています。業者に細かく砕いてもらう必要があるので注意しましょう。

❷ 合葬墓には永代供養料がかかる

合葬墓は管理者に供養を依頼するため、「永代供養料」が必要です。利用期間も設けられているので確認しましょう。

❸ 散骨は一部だけに

遺骨すべてを散骨すると故人を偲ぶ依り代がなくなってしまうので、遺骨は分骨するのが一般的です。

四十九日
法要まで

04

位牌と仏壇を用意する

四十九日法要で仮位牌から本位牌へと魂を移すため、それまでに位牌と仏壇を用意します。制作に時間がかかるので早めに依頼しましょう。

位牌には故人の霊が宿ります

位牌は故人の霊が宿るためのもので、仏壇に安置し日々の供養を行います。通夜や葬儀の際には葬儀会社から白木の仮位牌が用意されますが、四十九日《しじゅうくにち》の法要までには本位牌を用意する必要があります。制作には時間がかかるので早めに仏具店などに依頼しておきましょう。

位牌は塔をあらわし、仏教では塔を建てることが死者への最高の供養と考えられています。そのため、仏壇に本尊とともに祀られるようになりました。

伝統的な仏壇は仏間への設置が前提でしたが、最近では棚の上に置けるコンパクトなサイズのものや洋間にも合わせやすいデザインのものなど、さまざまな種類が販売されています。新たに仏壇を購入する場合は、法要に合わせて購入することが多いようです。置く場所に合わせて大きさやデザインを選ぶことが可能です。仏壇に納める仏具は宗派によっても異なります。セットになっていない場合、「三具足《みつぐそく》」と呼ばれる香炉、花立て、燭台の3つと鈴《りん》と鈴棒《りんぼう》は最低限用意しましょう。

位牌と仏壇を選ぶ

本位牌の制作を依頼する

製法によって、表面に漆を塗った「塗り位牌」と木目を生かした「唐木《からき》位牌」に大別されます。四十九日の法要時に「開眼《かいげん》法要」をしてもらうので、早めに制作を依頼しましょう。

表に戒名と命日、裏に俗名と享年などの情報を記します。デザインに春日《かすが》型、猫丸《ねこまる》型、葵角切《すみき》り型などの種類があります。

POINT

開眼法要を行う

仏壇を購入したら寺院に連絡して開眼法要を行いましょう。仏壇を買い換える場合は、古い仏壇は寺院か仏具店に頼んでお焚き上げをしてもらいます。

仏壇を購入する

まず仏壇を安置する場所を決め、高さ、幅、奥行きを測ります。タンスや押し入れの上を使って置く小型の「上置《うわおき》型仏壇」、収納袋付きで仏間に置く、1mほどの「地袋《じぶくろ》付仏間用仏壇」、1m～1m70cmほどの「台付型仏壇」があります。

最も重要なのは信仰の対象となる仏の彫刻である「本尊」です。そのほかには位牌と三具足、鈴と鈴棒が最低限必要になります。

これだけは知っておこう！ 位牌・仏壇

❶ 仮位牌は菩提寺に納める

葬儀で用いた白木位牌は仮の位牌のため、本位牌を仏壇に安置したら菩提寺で焚き上げてもらいましょう。

❷ 仏壇と神棚は向かい合わせない

仏壇と神棚は同じ部屋に祀っても構いません。ただし、向かい合わせにならないよう位置には注意しましょう。

❸ 仏壇の扉は左右に開くので注意

仏壇を安置する場所を決める際は、仏壇の扉が両開きであることを念頭に置き、左右の幅を十分とりましょう。

05

正しい供養の仕方は？

仏壇で行う毎日の供養と墓参りで故人を偲びます。
また、お盆やお彼岸などの行事も意味を理解して行いましょう。

日常の供養で大切なのは故人を偲ぶ気持ちです

基本的に行いたい供養は、毎日朝と夕方に礼拝をすることです。その際に、仏壇に供え物（ごはんや水）をし、線香をつけ、鈴《りん》を鳴らして読経を行います。大切なのは故人を偲ぶ気持ちなので、時間がないときは読経などの供養は省略し、手を合わせて拝むだけでも構いません。

墓参りの時期は、故人が亡くなった月日の「祥月《しょうつき》命日」または月命日、春と秋の「お彼岸」、夏の「お盆」、一定期間ごとにある「法要」のときです。決まりはないので、故人との思い出の日などに行ってもよいでしょう。墓参りの際には墓の周囲を掃除し、墓石に水をかけて乾いた布で磨き、供え物をして拝みます。

仏教の大切な行事お盆とお彼岸の行い方

「お彼岸」は春と秋の年2回ある、先祖を供養する行事です。夏にある「お盆」は先祖の霊が自宅へ帰ってくる日といわれています。四十九日《しじゅうくにち》後に初めて迎えるお盆は「新盆《にいぼん》（初盆《はつぼん》）」と呼ばれ、僧侶にお経をあげてもらい、盆提灯《ぼんちょうちん》を飾ります。

お盆とお彼岸の供養の仕方

お盆の供養

東京などの都市部	7月13～16日
地　方	8月13～16日 月遅れのお盆。旧暦の7月13～16日（現在の日付は毎年変わる）

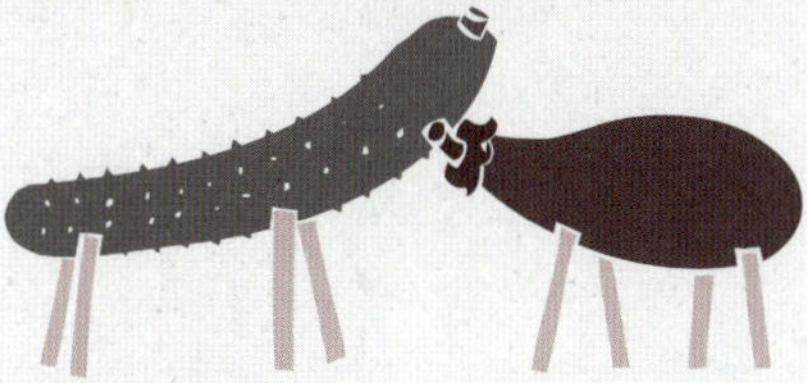

精霊棚《しょうりょうだな》を作り、迎え火をする

盆の入り（初日）は「迎え火」を、盆の終わり（最終日）は「送り火」を、玄関先で焚きます。さらに故人の霊が迷わず帰ってこれるように提灯を飾ります（新盆は白提灯）。また、「精霊棚」を作ります。台にすのこを敷いて位牌、香炉、花立などの仏具を置き、きゅうりで馬をなすで牛を作り飾ります。

※故人の霊はきゅうりの馬に乗って帰ってきて、なすの牛で戻るといわれています

お彼岸の供養

春	春分の日を中心に 前後3日の計7日間
秋	秋分の日を中心に 前後3日の計7日間

仏壇を掃除し、墓参りをする

仏壇、仏具の掃除をして、墓参りを行います。その際、春は牡丹の花にちなんで「ぼたんもち」を、秋は萩の花にちなんで「おはぎ」を供えます。

※地域の習慣により、供養の仕方は異なります

これだけは知っておこう！ 正しい供養

❶ 日々の供養は仏壇で拝む

自宅の仏壇に供え物と線香を用意し、読経をして拝みます。朝夕、拝むだけでも問題はありません。

❷ 節目の日には墓参りを

故人の亡くなった月日の「祥月命日」や月命日、「法要」「お盆」「お彼岸」などに墓参りをして故人を偲びます。

❸ 新盆のときは白提灯を用意

新盆には無地の白提灯を飾り、最後に送り火として寺院で焚き上げます。翌年からは絵柄のものを使用します。

06

法要の時期と回数を確認する

初七日はくり上げて葬儀と共にすませ、実質的な忌日法要は四十九日法要だけの場合が多くなっています。

近年は身内だけですませるケースもあります

「法要」とは遺族が仏に供養し、そのよい行い〝徳〟を故人に振り向ける追善供養（冥福を祈る）の儀式です。一般的に法事といいます。僧侶の読経、参列者の焼香、会食を行います。

仏教の場合、最初に行う法要は「初七日《しょなのか》」で、最近ではくり上げて葬儀と一緒に行うケースがほとんどです。「忌《き》日《じつ》法要」は故人が亡くなった日から7週間7日ごとにありますが、拝礼だけですませ、実際に行う法要は「四《し》十《じゅう》九《く》日《にち》法要」です。

本来は死後49日目に行いますが、遺族や親族の都合に合わせ、前の週の休みなどに行っても構いません。

仏教では、人が亡くなってから49日目までを「中《ちゅう》陰《いん》」といい、その間死者は六《ろく》道《どう》※をさまよいどこになるか決定する日が49日目とされています。そのため、四十九日法要をもって「忌《き》明《あ》け」とします。

四十九日後は、故人の命日に「年《ねん》忌《き》法要」を営みます。一周忌までが「喪《も》中《ちゅう》」とされて、通常は三十三回忌をもって「弔《とむら》い上げ」とし、法要を終えます。

※仏教では迷いがある者が、天道、人間道、修羅道、畜生道、餓鬼道、地獄道の6つの世界から輪廻すると考えられている

仏教の法要一覧

忌日法要	初七日	(死亡日を含む)死後7日目	葬儀当日にくり上げて行うことが多い。
	二七日	(死亡日を含む)死後14日目	拝礼だけですませることが多い。
	三七日	(死亡日を含む)死後21日目	
	四七日	(死亡日を含む)死後28日目	
	五七日	(死亡日を含む)死後35日目	
	六七日	(死亡日を含む)死後42日目	
	七七日 (四十九日法要)	(死亡日を含む)死後49日目	四十九日。寺院などで法要を行うことが多い。
	百か日	(死亡日を含む)死後100日目	七七忌と合わせたり、遺族だけで行うことが多い。
年忌法要	一周忌	死後満1年目の祥月命日《しょうつきめいにち》 (故人が亡くなった月日)	一周忌と三回忌は僧侶、親族、友人などを招いて行うことが多い。
	三回忌	死後満2年目の祥月命日	
	七回忌	死後満6年目の祥月命日	遺族のみで行うことが多い。
	十三回忌	死後満12年目の祥月命日	
	十七回忌	死後満16年目の祥月命日	
	二十三回忌	死後満22年目の祥月命日	
	二十七回忌	死後満26年目の祥月命日	
	三十三回忌	死後満32年目の祥月命日	弔い上げとすることが多い。

法要日程表(P205参照)

これだけは知っておこう! 法要の基礎知識

❶ 寺院や墓地の法要室を借りる

四十九日は忌明けを迎える重要な法要なので、寺院や墓地で法要室を利用して行うのが一般的です。

❷ 喪中は祝いごとの主催は避ける

喪中は結婚式などの祝いごとの主催、参加は慎みます。また、年賀状も出さず、代わりに年賀欠礼状を出します。

❸ 法要が重なったら合わせてもよい

故人2人以上の法要が重なった場合は一緒に行ってもかまいません。なるべく命日の早いほうに合わせます。

07

法要の準備と当日の流れは？

法要は多くの場合、喪主を務めた遺族が施主となり主催します。会場や人数分の引出物を手配し、当日は読経や焼香、お墓参りのあとに会食を行います。

死後49日まで（以降は必要に応じて）

日時や場所を決め、会食の手配を行いましょう

法要は、葬儀の際に喪主を務めた遺族が施主《せしゅ》となり主催するのが一般的です。日取りを決定し、菩提寺《ぼだいじ》の僧侶に依頼します。葬儀から四十九日《しじゅうくにち》まであまり時間がないため、葬儀後すぐに相談しておくとよいでしょう。

法要は寺や自宅、貸法要室などで行います。その後の会食は同じ会場でも、レストランなどに移動しても構いません。日時や場所を決定し、電話や案内状で関係者に連絡、人数分の引出物や会食の料理を手配します。

法要当日は、僧侶による読経や法話、参列者による焼香などを行い、お墓参りのあと会食というのが基本的な流れです。施主や遺族は、三回忌までは礼装で参加します。

菩提寺があれば、葬儀だけでなく法要もすべてその寺に依頼します。菩提寺がない場合は、葬儀の際と同じ僧侶に依頼するか、戒名を授けてもらった寺に頼むとよいでしょう。法要の会場は、墓地や霊園に併設された法要室を利用することができます。お布施の相場は直接問い合わせても構いません。

四十九日法要の準備をする

❶ 僧侶へ依頼・日時の決定

本来は死後49日目に行いますが、該当する日が平日の場合は参列者の都合に合わせて前の週の休みに移動させます。葬儀を終えたらすぐに僧侶と相談して予定を合わせ、できるだけ早めに参列者に案内を出します。

❷ 会場を手配する

菩提寺や墓地の法要室、自宅などを会場にしますが、四十九日法要は納骨《のうこつ》先で営むのが一般的です。お斎《とき》（会食）の場所はあまり騒がしくないお店か、自宅にします。

❸ 引出物・御布施を準備する

引出物としてお茶やお菓子など日持ちするもの（3～5千円程度）を参列者に渡します。僧侶へは御布施以外に卒塔婆《そとば》供養を依頼した場合には「卒塔婆料（3千～1万円）」、出向いてもらった「御車代（5千～1万円）」、会食に不参加であれば「御膳料（1万円）」を渡します。

❹ 法要の案内を出す

参列者が決定したら出席の確認を往復はがき、または電話で行います。案内とともに会葬や香典のお礼も伝えましょう。

これだけは知っておこう！ 法要の流れ

❶ 位牌、遺影などを忘れずに

自宅以外で行う場合は、位牌や遺影などを忘れないように気をつけましょう。納骨する場合は遺骨も必要です。

❷ ほかの儀式も行うかを確認する

四十九日法要の際には、納骨式などほかの儀式も同時に行うかどうか、事前に話し合い確定しておきましょう。

❸ 引出物は会食後に渡す

法要を行う間は引出物があると邪魔になるため、会食が終わったあとに配るようにするとよいでしょう。

COLUMN 5
こんなとき
どうする？

相続関係の専門家、誰に相談する？

弁護士

相続でトラブルになったとき、法律に基づいて相続人が納得できる形に導くのが弁護士の仕事です。当事者だけでは解決できない問題に直面したときに依頼すると、早期に解決できることも。

司法書士・行政書士

不動産登記や商業登記などは司法書士、官公署への提出書類の作成は行政書士が専門です。依頼すれば、面倒な提出書類の手続きがスムーズに行えます。

税理士

相続財産の評価や控除などの計算はかなり複雑です。そのうえ、相続開始から10カ月以内に申告しなければならないので、相続税に詳しい税理士に依頼するのがおすすめです。

土地家屋調査士・不動産鑑定士

土地・建物の登記に関する調査・測量の専門家は「土地家屋調査士」。不動産の評価（P145参照）については「不動産鑑定士」が専門です。

社会保険労務士

年金についての疑問や相談にのってくれるのが社会保険労務士です。相続によって、どの年金がもらえるようになるのかなど、問題解決も行います。

相続のトラブルや手続きは各専門家に頼るのが賢明

故人が亡くなったあと、遺族は休む暇もなく、名義変更や年金の手続き、相続財産の評価や相続税の計算など、行わなければならないことがたくさんあります。当事者だけですべて解決するというのはとても大変なので、専門家に相談したほうが、スムーズに行えます。

それぞれの専門家の費用は相談内容や相続財産総額などによっても変わりますが、相談だけなら、安い費用で行っている場合が多いので、まずは相談をしてみるのがおすすめです。

葬儀・相続に関する手続き

提出書類の記入の仕方

家族が亡くなったとき、
遺族はたくさんの手続きを行わなくてはなりません。
その際、申請用紙の記入が必要になることも。
記入見本を確認し、注意事項をおさえることで、
迷わず正確に記入することができます。

〔提出書類の記入の仕方の内容〕

死亡届の書き方
死体火葬許可申請書の書き方
世帯主変更届の書き方
埋葬料支給申請書の書き方
年金受給者死亡届・未支給年金請求書の書き方
検認申立書の書き方
相続放棄申述書の書き方
遺産分割調停申立書の書き方
相続税の申告書の書き方
（第１表、第２表、第 11 表、第 15 表）

死亡届の書き方

役場の時間外に提出すると火葬許可証の
配布は後日になる場合があります。

→詳しい内容は p24 へ

死亡診断書（死体検案書）

この死亡診断書（死体検案書）は、我が国の死因統計作成の資料としても用いられます。かい書で、できるだけ詳しく書いてください。

氏名	大泉太郎	①男 2女	生年月日	明治 ㊐昭和 大正 平成 20 年 6 月 8 日 （生まれてから30日以内に死亡したときは生まれた時刻も書いてください） 午前・午後 時 分
死亡したとき	平成 28 年 1 月 8 日 ㊐午前・午後 5 時 30 分			

2) 3) 死亡したところ及びその種別	死亡したところの種別	①病院 2 診療所 3 介護老人保健施設 4 助産所 5 老人ホーム 6 自宅 7 その他
	死亡したところ	東京都江東区豊洲十二丁目 2 ~~番地~~ 番 1 号
	（死亡したところの種別1〜5）施設の名称	豊洲総合病院

4) 死亡の原因	I	（ア）直接死因	脳出血	発病（発症）又は受傷から死亡までの期間	9時間
		（イ）（ア）の原因	動脈硬化症		1ヵ月
		（ウ）（イ）の原因			
		（エ）（ウ）の原因		◆年、月、日等の単位で書いてください。ただし、1日未満の場合は、時、分等の単位で書いてください。（例：1年3か月、5時間20分）	
	II	直接には死因に関係しないがI欄の傷病経過に影響を及ぼした傷病名等			
	手術	1無 2有	部位及び主要所見	手術年月日	平成 昭和 年 月 日
	解剖	1無 2有	主要所見		

◆I欄、II欄ともに疾患の終末期の状態としての心不全、呼吸不全等は書かないでください。

◆I欄では、最も死亡に影響を与えた傷病名を医学的因果関係の順番で書いてください。

◆I欄の傷病名の記載は各欄一つにしてください。

ただし、欄が不足する場合は(エ)欄に残りを医学的因果関係の順番で書いてください。

5) 死因の種類	1 病死及び自然死 外因死 不慮の外因死 {2 交通事故 3 転倒・転落 4 溺水 5 煙、火災及び火焔による傷害 6 窒息 7 中毒 8 その他} その他及び不詳の外因死 {9 自殺 10 他殺 11 その他及び不詳の外因} 12 不詳の死

16) 外因死の追加事項	傷害が発生したとき	平成・昭和 年 月 日 午前・午後 時 分	傷病が発生したところ	都道府県 市郡 区町村
	傷病が発生したところの種別	1 住居 2 工場及び建築現場 3 道路 4 その他（ ）		
◆伝聞又は推定情報の場合でも書いてください	手段及び状況			

17) 生後1年未満で病死した場合の追加事項	出生時体重 グラム	単胎・多胎の別 1 単胎 2 多胎（ 子中第 子）	妊娠週数 満 週
	妊娠・分娩時における母体の病態又は異状 1無 2有 { } 3 不詳	母の生年月日 昭和 平成 年 月 日	前回までの妊娠の結果 出生児 人 死産児 胎 （妊娠満22週以後に限る）

18) その他特に付言すべきことがら

19) 上記のとおり診断 ~~（検案）~~ する

診断 ~~（検案）~~ 年月日 平成 年 月 日

本診断書 ~~（検案書）~~ 発行年月日 平成 年 月 日

（病院、診療所若しくは介護老人保健施設等の名称及び所在地又は医師の住所） 東京都江東区豊洲十二丁目 2 ~~番地~~ 番 1 号

（氏名） 医師 健康 保 印

記入の注意

← 生年月日が不詳… 推定年齢をカッ… 書いてください…

夜の12時は「午前… 12時は「午後0時… ださい。

← 「老人ホーム」… 人ホーム、特別養護老人ホーム、軽費老人ホーム及び有料老人ホームをいいます。

傷病名等は、日本語で書いてください。
I欄では、各傷病について発病の型（例：急性）、病因（例：病原体名）、部位（例：胃噴門部がん）、性状（例：病理組織型）等もできるだけ書いてください。

← 妊娠中の死亡の場合は「妊娠満何週」、また、分娩中の死亡の場合は「妊娠満何週の分娩中」と書いてください。

産後42日未満の死亡の場合は「妊娠満何週産後満何日」と書いてください。

← I欄及びII欄に関係した手術について、術式又はその診断名と関連のある所見等を書いてください。
紹介状や伝聞等による情報についてもカッコを付して書いてください。

← 「2交通事故」は、事故発生からの期間にかかわらず、その事故による死亡が該当します。
「5煙、火災及び火焔による傷害」は、火災による一酸化炭素中毒、窒息等も含まれます。

← 「1住居」とは、住宅、庭等をいい、老人ホーム等の居住施設は含…

← 傷害がどうい… ったかを具… ださい。

←

妊娠週数は、… 礎体温、超… り推定し、… に書いてくだ…

← 母子健康手帳等を参考に書いてください。

死亡診断書

医師が書くので、遺族は加筆、修正してはいけません。

医師のサイン

医師による自筆のサインと押印がされているかチェックします。

死亡届を提出する

提出期限	亡くなった事実を知った日から7日以内
提出先	故人が死亡した地・本籍地などの市区町村役場窓口
届出人	親族、同居者、家主、地主、後見人など
必要なもの	死亡診断書（死体検案書）、印鑑
手数料	かかりません

死　亡　届

平成 28 年 1 月 8 日届出

東京都新宿区 長 殿

受理 平成 年 月 日 第 号	発送 平成 年 月	
送付 平成 年 月 日 第 号		

書類調査	戸籍記載	記載調査	調査票	附票	住民票	通

(1)	（よみかた）	氏 おおいずみ　名 たろう
(2)	氏名	氏 大泉　名 太郎　☑男 □女
(3)	生年月日	昭和20年 6 月 8 日（生まれてから30日以内に死亡したときは生まれた時刻も書いてください）□午前 □午後　時　分
(4)	死亡したとき	平成28年 1 月 8 日　☑午前 □午後 5 時 30 分
(5)	死亡したところ	東京都江東区豊洲十二丁目2　番地 番 1 号
(6)	住所（住民登録をしているところ）	東京都新宿区矢来町六丁目0　番地 番 1 号 世帯主の氏名 大泉 太郎
(7)	本籍（外国人のときは国籍だけを書いてください）	東京都新宿区矢来町六丁目0　番地 番 1 筆頭者の氏名 大泉 太郎
(8)(9)	死亡した人の夫または妻	☑いる（満 68 歳）　いない（□未婚　□死別　□離別）
(10)	死亡したときの世帯のおもな仕事と	□1. 農業だけまたは農業とその他の仕事を持っている世帯 □2. 自由業・商工業・サービス業等を個人で経営している世帯 □3. 企業・個人商店等（官公庁は除く）の常用勤労者世帯で勤め先の従業者数が1人から99人までの世帯（日々または1年未満の契約の雇用者は5） □4. 3にあてはまらない常用勤労者世帯及び会社団体の役員の世帯（日々または1年未満の契約の雇用者は5） □5. 1から4にあてはまらないその他の仕事をしている者のいる世帯 ☑6. 仕事をしている者のいない世帯
(11)	死亡した人の職業・産業	（国勢調査の年…　年…の4月1日から翌年3月31日までに死亡したときだけ書いてください） 職業 無職　産業
	その他	
	届出人	□1. 同居の親族　☑2. 同居していない親族　□3. 同居者　□4. 家主　□5. 地主　□6. 家屋管理人　□7. 土地管理人　□8. 公設所の長　□9. 後見人　□10. 保佐人　□11. 補助人　□12. 任意後見人 住所 東京都練馬区練馬五丁目0　番地 番 1 号 本籍 東京都練馬区練馬五丁目0　番地 番　筆頭者の氏名 大泉一郎 署名 大泉 一郎　（印）　昭和45 年 10 月 10 日生

事件簿番号

日中連絡のとれるところ
電話（　　　）
自宅　勤務先　呼出（　　　方）

亡くなった時間

時間や場所については、医師が記入した死亡診断書と同じ内容を書きます。

亡くなった場所

病院や施設名ではなく、住所を県名から記入します。

本籍地

住所と同じでも「同上」とせず、必ず略さずに書きます。

届出人

届出を行う人の住所や氏名などを表記して、押印します。

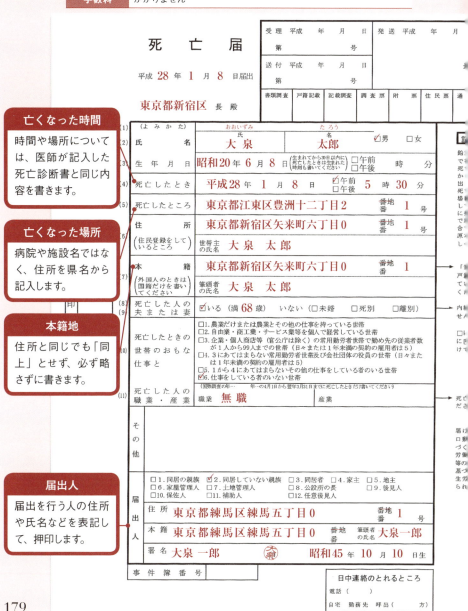

死体火葬許可申請書の書き方

→詳しい内容は p24 へ

● 死体火葬許可申請書の基本

- **POINT 1** 死亡届と一緒に提出する
- **POINT 2** 死体火葬許可申請書を提出することで「死体火葬許可証」が発行される
- **POINT 3** 形式や手数料の有無は市区町村によって異なる

自治体によって形式が異なるので注意しましょう

死体火葬許可申請書の形式は自治体ごとに異なります。申請書がそのまま許可証になるものや、納骨《のうこつ》の際に必要な埋葬許可証、埋葬許可申請書などが死体火葬許可申請書を兼ねている場合もあります。

埋葬許可証は死体火葬許可証に火葬ずみであるとの証印をもらえば自動的にそれが埋葬許可証になります。遺骨を納めるために必要になるので、遺骨と一緒に保管し、四十九日《しじゅうくにち》法要の納骨の際に忘れず持参しましょう。紛失した場合は役場窓口での再発行手続きが必要になります。300円程度の手数料もかかるので注意しましょう。

死体火葬許可申請書を提出する

提出期限	死亡届（P178参照）の提出と同時
提出地	故人が死亡した地、本籍地などの市区町村役場窓口
届出人	死亡届を提出する人（親族、委任された人など）
必要なもの	死亡届、印鑑
手数料	市区町村によって300円～400円程度かかる場合もある

㊀体

照合	担任	係長	課長

死体埋火葬許可申請書

平成 28 年 1 月 10 日

（あて先） 新宿 区長

本籍 東京都新宿区矢来町六丁目0 番地

0 番 1 号

住所 東京都新宿区矢来町六丁目 ~~番地~~

死亡者との続柄 妻 申請人 大泉 花子 （印：大泉）

明 大 昭（○） 22 年 3 月 5 日生

次のとおり申請します。

印

届出人の印が必要です。交付後、その場で記入する場合は、印鑑を忘れずに持参しましょう。

本籍	東京都新宿区矢来町六丁目0
住所	東京都新宿区矢来町六丁目 0 番 1 号 ~~番地~~
死亡者氏名	大泉 太郎 明 昭（○） 大 平 20 年 6 月 8 日生
性別	男（○） 女
死因	「一類感染症等」 「その他」（○）
死亡の年月日時	平成 28年 1 月 8 日 午前（○）後 5 時 30 分
死亡の場所	江東 区 豊洲 二 丁目 2 番 1 号 ~~番地~~
埋葬又は火葬の場所	中原斎場

火葬の詳細

火葬場所や火葬日時の記入が求められる場合もあります。

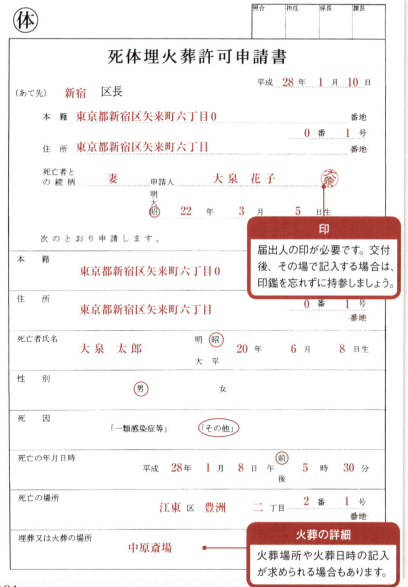

世帯主変更届の書き方

→詳しい内容は p60 へ

住民異動届出書（転入・転居・転出・世帯変更・その他） Change of residence

豊島区長

※同一世帯以外の方の届出は、委任状が必要になります。
※住基カードにより転出を行う方は、転入届の際に住基カードを必ずご持参ください

※太線の中だけ記入してください（転出証明書をお持ちの方は、住民票コードを記入してください）

届出年月日（今日の日付）今天的日期 Date of application	異動年月日（引越し日等）搬家日期 Date of move out in	窓口に来た方	
平成・西暦 28 年 2 月 9 日 Y M D	平成・西暦 28 年 2 月 9 日 Y M D	氏名（署名）名字 Name (Signature)	山本　夏子（異動する方との関係 Relation 本人）
		代理の方は記入してください 住所 Address	

新住所	住所 New address	東京都豊島区東池袋三丁目0	アパート・マ
	世帯主氏名 戸主的名字 Householder rentee's name	山本　夏子	TEL（昼間の連絡先） 自宅 House 携帯 Mobile 080（1111）2222
旧住所	住所 Former address	東京都豊島区東池袋三丁目0	アパート・マンション名および室番号 大楼的名字及房間号 Building name and room number
	世帯主氏名 戸主的名字 Householder rentee's name	山本　春男	街区図確認　済

	異動する人全員の氏名 全体搬家者的名字 Name(s) of people moving	生年月日 Date of birth / 住民票コード	性別 Sex	続柄 Relation	住民基本台帳カード	国保	高齢	後期	年金	介護	手当	児童	カード在留
1	フリガナ ヤマモト　ナツコ 山本　夏子	明・大・昭・平・西暦 48 年 4 月 2 日 Y M D	男 M・女 F	世帯主	有・無 変更 返納	有 無	有 無	有 無	有 無	有 無	有 無		
2	フリガナ ヤマモト　アキコ 山本　秋子	明・大・昭・平・西暦 22 年 10 月 1 日 Y M D	男 M・女 F	母	有・無 変更	有	有	有	有	有	有		
3	フリガナ	明・大・昭・平・西暦 年 月 日 Y M D	男 M・女 F										
4	フリガナ	明・大・昭・平・西暦 年 月 日 Y M D	男 M・女 F		返納								

（外国籍の方のみ）
□ 国籍、在留資格、在留期間及び在留期間の満了の日、在留カード等の番号は、在留カード等の内容と相違ありません。
□ 中長期在留者　□ 特別永住者　□ 仮滞在許可者　□ 一時庇護許可者　□ 出生又は国籍喪失よる経過滞在者

備考　□住民票写し　□印鑑登録（即・照）　□区民カード（即・照）
□住民票コード（有・無 / 手渡し・

国保	記号番号	
	処理	証回収・未回収封・期限訂正・差替・未着・短期証・資
後期高齢者番号		

□年金手帳
□社員証（写真　有・無）
□学生証（写真　有・無）
□キャッシュカード
□預金通帳
□クレジットカード
□診察券
□その他（　　　）

【区民カード回収】済（S・R）　【届出期間経過通知】済　【住民異動届受理通知】済

区分	□全部 □一部	異動事由	□転入　□国外転入　□カード転入　□住所設定　□未届転入 □外国人国外転入　□中長期在留者資格取得　□附則5条に基づく記載 □転居　□転出　□国外転出　□転証再交付　□カード転出　□不住職消転出 □合併　□分離　□世帯変更　□世帯主変更　□転出取消　□修正(申出)　□その他（　　）

受付	処理1	検査1	交付
	処理2	検査2	再検

世帯変更
項目の中の「世帯変更」を選択します。

届出人
代理人が届け出る場合は、その旨を記入します。

世帯構成員
世帯員全員の氏名、生年月日、続柄などを記入します。

世帯主変更届を提出する

提出期限	死後14日以内
提出先	故人が住んでいた市区町村役場窓口
届出人	新世帯主、同一世帯の方、代理人
必要なもの	国民健康保険証（加入者のみ）、本人確認書類、印鑑
手数料	かかりません

委任状

豊島区長

平成 28 年 2 月 9 日

【本人（委任者）】

住　所　東京都豊島区東池袋三丁目0

署　名　山本　夏子　（印）

生年月日 1973 年 4 月 2 日　昼間の連絡先 080（1111）2222

【代理人（窓口に来る人）】

住　所　東京都杉並区和泉五丁目0

氏　名　山本　正男

生年月日 1977 年 7 月 14 日

私は上記代理人に、以下の事項を委任します。

【委任する内容】委任内容に必ずチェック☑等をしてください（複数チェック可）

◎住民記録届出に関する委任

□住所の異動（転入届・転居届・転出届）　☑世帯変更（世帯合併・分離・変更）

□印鑑登録申請　□印鑑登録廃止・証亡失届

◎住民票の写し等に関する委任

住民票の写し・除票＿＿通　記載事項証明書＿＿通

対象者　□世帯全部　□世帯一部（氏名＿＿＿＿＿＿＿＿）

記載項目　□本籍・筆頭者　□続柄　□国籍等　□在留カード等番号　□在留資格等

◎戸籍証明書等に関する委任

本　籍：＿＿＿＿＿＿＿＿筆頭者：＿＿＿＿＿＿

必要な証明書【　　　　　　】を【　　　】通

※連続した戸籍や附票、必要な項目がある場合は以下に必要事項と通数もご記入ください。

□（　　　　　）の相続のため、（　　　　　）の出生から死亡までの連続した戸籍謄本を　各＿＿通

□（　　　　　）から（　　　　　）までの住所の記載のある附票を　各＿＿通

□（　　　　　）について記載のあるもの

◎その他（＿＿＿＿＿＿＿＿＿＿＿＿）

本人（委任者）が**太線枠内**を**全て自筆し押印**してください。

※代理人が記入する項目はありません。

委任状

同世帯の人が提出できない場合は、委任状を用意し代理人が届出をします。

埋葬料支給申請書の書き方

→詳しい内容は p66 へ

記号・番号
健康保険証に書かれている記号、番号を記入します。

氏名、住所
故人ではなく、届出人のものを記入します。

健康保険 被保険者 家族 埋葬料(費)支給申請書

記入方法および添付書類等については、「健康保険 被保険者 家族 埋葬料(費)支給申請書 記入の手引
届書(申請書)は、楷書で枠内に丁寧にご記入ください。 記入見本 0 1 2 3 4 5 6 7 8 9 ア イ ウ

被保険者(申請者)情報

被保険者証の(左づめ)	記号 12345678 番号 21	生年月日 ☑昭和 □平成 22年10月01日
氏名・印	(フリガナ) ヤマモト アキコ 山本 秋子 (印) 自署の場合は押印を省略できます。	
住所	(〒170－0013) 東京 都・道・府・県 豊島区東池袋三丁目0	
電話番号(日中の連絡先)	TEL 03(0000)1234	

振込先指定口座

金融機関名称	大泉 銀行・金庫・信組・農協・漁協・その他( )	豊島 本店・支店・出張所・本所・支所	
預金種別	1 (1. 普通 3. 別段 2. 当座 4. 通知)	口座番号 0123456	左づめでご記入ください。
口座名義	▼カタカナ(姓と名の間は1マス空けてご記入ください。濁点(゛)、半濁点(゜)は1字としてご記入ください。) ヤマモト アキコ	口座名義の区分 1 (1. 申請者 2. 代理人)	

「2」の場合は必ず記入・押印ください。(押印省略不可)

本申請に基づく給付金に関する受領を下記の代理人に委任します。 平成 年 月 日
氏名・印 印 住所 「被保険者(申請者)情報」の住所と同じ

代理人(口座名義人)	(〒 －) TEL ( ) 住所 (フリガナ) 氏名・印 印	委任者と代理人との関係

「申請者・事業主記入用」は2ページに続きます。》》》

(26.9)

社会保険労務士の提出代行者名記載欄 印

受付日付印

様式番号 631112

協会使用欄

全国健康保険協会 協会けんぽ

(1/2)

埋葬料支給申請書を提出する

提出期限	故人が死亡した日の翌日から２年以内
提出先	勤務先の健康保険組合または勤務先を管轄する年金事務所
届出人	故人に生計を維持されていた遺族、実際に埋葬を行った人
必要なもの	保険証、埋葬許可証または死亡届のコピー、葬儀費用のわかるものなど
手数料	かかりません

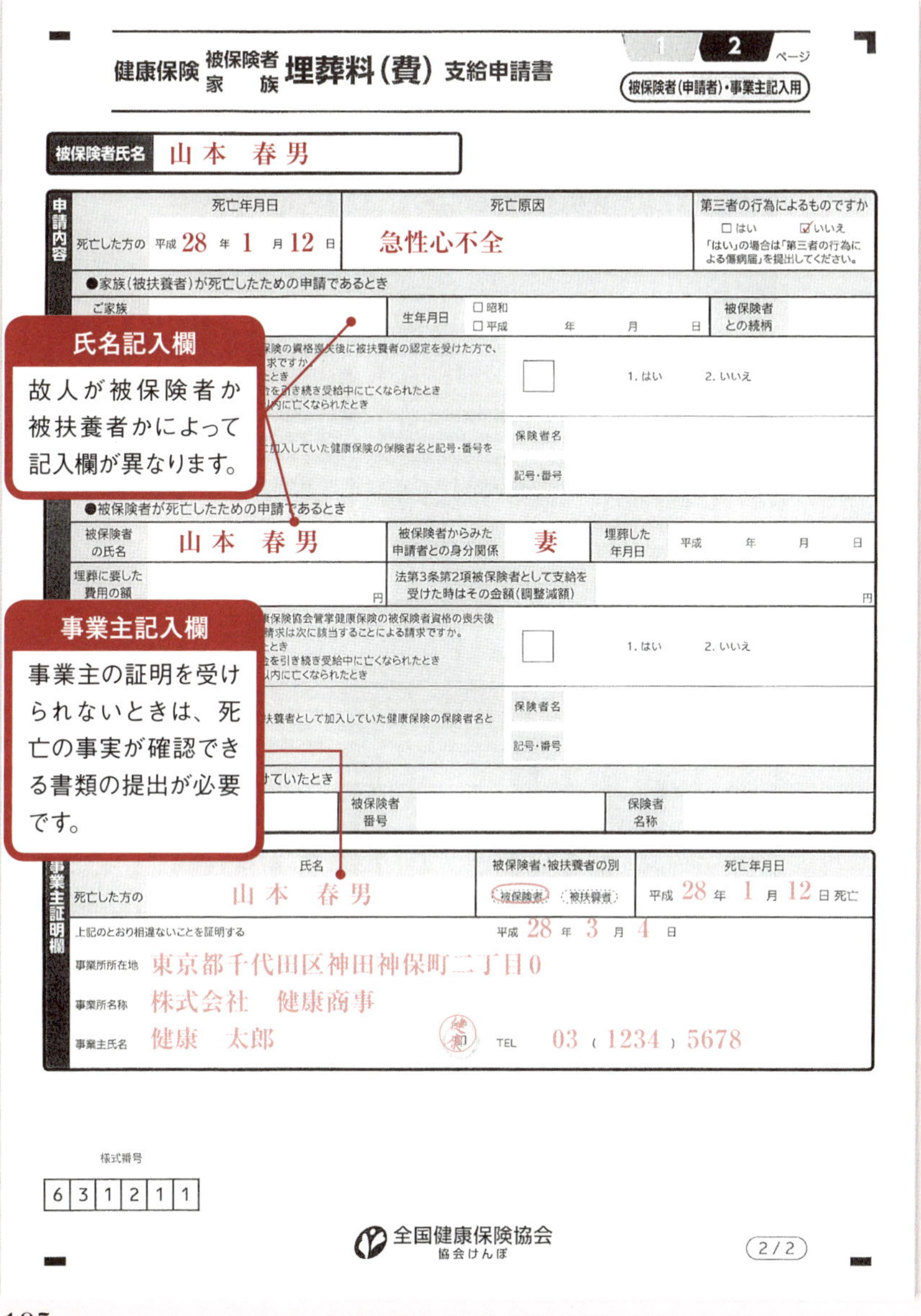
健康保険 被保険者 家族 埋葬料（費）支給申請書

1 2 ページ

被保険者（申請者）・事業主記入用

被保険者氏名 山本 春男

申請内容

死亡した方の 死亡年月日 平成 28 年 1 月 12 日 ／ 死亡原因 急性心不全 ／ 第三者の行為によるものですか □はい ☑いいえ 「はい」の場合は「第三者の行為による傷病届」を提出してください。

●家族（被扶養者）が死亡したための申請であるとき

ご家族 ／ 生年月日 □昭和 □平成 年 月 日 ／ 被保険者との続柄

保険者名 ／ 記号・番号

●被保険者が死亡したための申請であるとき

被保険者の氏名 山本 春男 ／ 被保険者からみた申請者との身分関係 妻 ／ 埋葬した年月日 平成 年 月 日

埋葬に要した費用の額 円 ／ 法第3条第2項被保険者として支給を受けた時はその金額（調整減額） 円

1. はい 2. いいえ

保険者名 ／ 記号・番号

被保険者番号 ／ 保険者名称

事業主証明欄

死亡した方の 氏名 山本 春男 ／ 被保険者・被扶養者の別 （被保険者） 被扶養者 ／ 死亡年月日 平成 28 年 1 月 12 日 死亡

上記のとおり相違ないことを証明する 平成 28 年 3 月 4 日

事業所所在地 東京都千代田区神田神保町二丁目0

事業所名称 株式会社 健康商事

事業主氏名 健康 太郎 TEL 03（1234）5678

様式番号 631211

全国健康保険協会 協会けんぽ

（2/2）

氏名記入欄
故人が被保険者か被扶養者かによって記入欄が異なります。
事業主記入欄
事業主の証明を受けられないときは、死亡の事実が確認できる書類の提出が必要です。

年金受給者死亡届・未支給年金請求書の書き方

→詳しい内容は p92 へ

年金コード

故人が複数の年金を受けていた場合、すべての年金のコードを記入します。

様式第５１４号

二次元コード

金・厚生年金保険・船員保険・共済年金
未支給【年金・保険給付】請求書

45	46	48

死亡された方 → 死亡した受給権者

❶ 年金証書の基礎年金番号および年金コード	基礎年金番号：9999123456	年金コード（複数請求する場合は右の欄に記入）：1150 / 5350
❷ 生年月日	明治・大正・昭和（○）・平成	16年 05月 10日
㋐（フリガナ）氏名	（氏）山本《ヤマモト》	（名）春男《ハルオ》
❸ 死亡した年月日	昭和・平成（○）	28年 01月 12日

死亡した方が共済組合等で支給する共済年金を受けている場合で、併せて未支給年金（未済の給付）の請求を行う場合は、右欄に☑を行ってください。 □

請求される方 → 請求者

❹（フリガナ）氏名	（氏）山本《ヤマモト》 （名）秋子《アキコ》 ㊞	❺続柄：妻	※続柄
❼ 郵便番号	170－0013	㋑ 電話番号	03－0000－1234
❽（フリガナ）住所	※住所コード	豊島《トシマ》 市・区（○）・町村 東池袋三丁目0《ヒガシイケブクロサンチョウメ》	

㋒ 年金受取機関
1.（○）金融機関（ゆうちょ銀行を除く）
2. ゆうちょ銀行（郵便局）

（フリガナ）口座名義人氏名：山本《ヤマモト》　秋子《アキコ》

年金送金先

金融機関	金融機関コード	支店コード	（フリガナ）金融機関名	（フリガナ）支店名	預金種別	口座番号（左詰めで記入）
	※	※	大泉《オオイズミ》 銀行（○）・金庫・信組・農協・信連・信漁連・漁協	豊島《トシマ》 本店・支店（○）・出張所・本所・支所	1.（○）普通 2. 当座	0123456

ゆうちょ銀行	貯金通帳の口座番号 記号（左詰めで記入）	番号（右詰めで記入）	支払局コード ※
	－		

金融機関またはゆうちょ銀行の証明 ※
請求者の氏名フリガナと口座名義人氏名フリガナが同じであることを確認してください。
大泉銀行 印

金融機関の証明

未支給年金の受け取り先となる金融機関の証明を受ける必要があります。

㋓ 受給権者の死亡当時、受給権者と生計を同じくしていた次のような人がいましたか。

配偶者	子	父母	孫	祖父母	兄弟姉妹	その他3親等内の親族
いる（○）・いない	いる（○）・いない	いる・いない（○）	いる・いない（○）	いる・いない（○）	いる・いない（○）	いる・いない（○）

㋔ 死亡した方が三共済（ＪＲ、ＮＴＴ、ＪＴ）・農林共済年金に関する共済年金を受けていた場合に記入してください。
死亡者からみて、あなたは相続人ですか。
（相続人の場合には、続柄についても記入してください。）
は
（続柄

㋕ 備考

別世帯の方で、配偶者または子が請求される方 →

㋖ 別世帯となっていることについての理由書
（請求者が配偶者または子の場合であって、住民票上世帯を別にしているが、住所が住
上記の請求者は、受給権者の死亡当時、次の理由により住民票上世帯を別にしていたが、
その者と生計を同じくしていたことを申立します。（該当の理由に○印をつけてください）

請求者氏名

理由　1．同じ住所に二世帯で住んでいたため。
2．その他

死亡した受給権者と請求者の住所が住民票上異なっているが、生計を同じくしていた場合は「別居していることについての理由書」などが必要となります。（用紙は「ねんきんダイヤル」またはお近くの年金事務所などに問い合わせしてください）

詳しくは1ページの未支給【年金・保険給付】請求書の「この請求書に添えなければならない書類」をご覧ください。

平成 28 年 2 月 9 日 提出

市区町村 受付年月日

実施機関等 受付年月日

年金事務所記入欄	
※遺族給付同時請求	有（上・外）・無
※死亡届の添付	有・無

◎「記入上の注意」などをよく読んでから記入してください。
◎年金証書の基礎年金番号・年金コードが不明なときは、年金事務所の窓口でご相談ください。
◎「※」印欄は、記入しないでください。

1510 1018 021 (27.10)

3

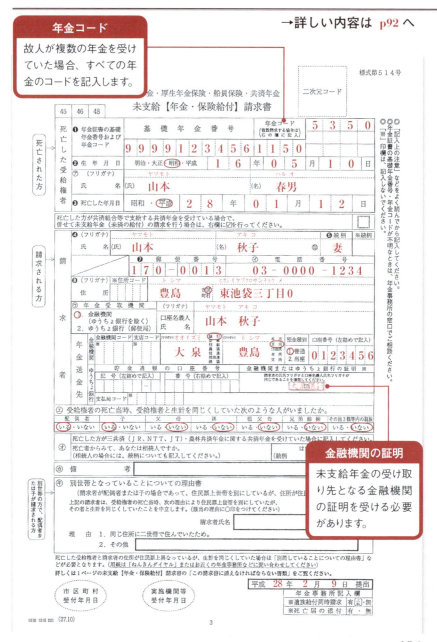

未支給年金請求書を提出する

提出先	最寄りの年金事務所または年金相談センター
届出人	故人と生計をともにしていた遺族
必要なもの	年金受給権者死亡届、故人の年金証書、死亡の事実が確認できる書類、故人と請求者が生計を同一にしていたことを示す書類など
手数料	かかりません

年金受給者死亡届

故人に未支給年金がない場合は、年金受給者死亡届だけを提出しましょう。

様式第５１５号

国民年金・厚生年金保険・船員保険・共済年金

年金受給権者死亡届(報告書)

した受給権者					
	基礎年金番号	9999123456 1150		年金コード(複数請求する場合は右の欄に記入)	5350
	❷生年月日	明治・大正・(昭和)・平成	16 年	05 月	10 日
	㋐(フリガナ) 氏名	(氏) 山本《ヤマモト》		(名) 春男《ハルオ》	
	❸死亡した年月日	昭和・(平成)	28 年	01 月	12 日

送信

届出者					
	❹(フリガナ) 氏名	(氏) 山本《ヤマモト》	(名) 秋子《アキコ》	❺続柄 妻	※続柄
	※❻未支給有無		❼郵便番号 170－0013	㋑電話番号 03－0000－1234	
	❽(フリガナ) 住所	※住所コード	豊島《トシマ》 市(区)町村 東池袋三丁目《ヒガシイケブクロサンチョウメ》0		

送信

◎　未支給の年金・保険給付を請求できない方は、死亡届(報告書)のみ記入してください。

◎　死亡届のみを提出される方の添付書類

1．死亡した受給権者の死亡の事実を明らかにすることができる書類
(住民票コードが収録されている方については不要です)
・住民票除票(コピー不可)
・戸籍抄本
・死亡診断書(コピー可)　　など のうち、いずれかの書類

2．死亡した受給権者の年金証書
年金証書を添付できない方は、その事由について以下の項目に○印を記入してください。

(事由)

(ア)、	廃棄しました。　(　28 年 2 月 7 日　)
イ、	見つかりませんでした。今後見つけた場合は必ず廃棄します。
ウ、	その他(　　　)

㋕ 備考	

年金証書の添付

年金証書を添付できない場合は、いずれかに○をつけます。

市区町村受付年月日

実施機関等受付年月日

平成 28 年 2 月 9 日 提出

年金事務所記入欄	
※遺族給付同時請求	有(上・外)・無
※未支給請求	有・無

1510 1018 021 (27.10)

4

検認申立書の書き方

→詳しい内容は p114 へ

事件名
「遺言書の検認」と記入します。

収入印紙
手数料として800円分の収入印紙を添付します。

遺言者の情報
※印の部分に遺言者と記入し、故人の情報を記入します。

受付印

収入印紙	円
予納郵便切手	円
予納収入印紙	円

家事審判申立書　事件名（遺言書の検認）

（この欄に申立手数料として1件について800円分の収入印紙を貼ってください。）

400円　400円

（貼った印紙に押印しないでください。）

（注意）登記手数料としての収入…の収入印紙は貼らずにそのまま…

準口頭		関連事件番号　平成　年（家　）第

東京　家庭裁判所 御中 平成28年2月16日	申立人 （又は法定代理人など） の記名押印	大泉　一郎　（印）

添付書類	（審理のために必要な場合は，追加書類の提出をお願いすることがあります。） 戸籍・除籍・改製原戸籍謄本計○通

申立人	本籍（国籍）	（戸籍の添付が必要とされていない申立ての場合は，記入する必要はありません。） 東京　（都）道府県　練馬区練馬五丁目0	
	住所	〒176－0001 東京都練馬区練馬五丁目0	電話　03（1234）5678 （　　方）
	連絡先	〒　－	電話　（　） （　　方）
	フリガナ 氏名	オオイズミ　イチロウ 大泉　一郎	大正（昭和）平成 45年10月10日生 （45歳）
	職業	会社員	
※遺言者	本籍（国籍）	（戸籍の添付が必要とされていない申立ての場合は，記入する必要はありません。） 東京　（都）道府県　新宿区矢来町六丁目0	
	住所	〒162－0805 東京都新宿区矢来町六丁目0	電話　03（0000）0000 （　　方）
	連絡先	〒　－	電話　（　） （　　方）
	フリガナ 氏名	オオイズミ　タロウ 大泉　太郎	大正（昭和）平成 20年6月8日生 （70歳）
	職業	無職	

…枠の中だけ記入してください。
…は，申立人，法定代理人，成年被後見人となるべき者，不在者，共同相続人，被相続人等の区別を
…ください。

別表第一（1/　）

(942210)

検認申立書を提出する

提出期限	遺言書発見後なるべく早く
提出先	故人の住所地を管轄する家庭裁判所
届出人	遺言書の保管者または遺言書を発見した相続人
必要なもの	遺言書、故人の出生から死亡までのすべての戸籍謄本、申立人の戸籍謄本、相続人全員の戸籍謄本など
手数料	遺言書1通につき800円分の収入印紙、連絡用の郵便切手

申　立　て　の　趣　旨
遺言者の自筆証書による遺言書の検認を求めます。

理由

できるだけ簡潔に述べます。遺言書の預かり日や故人の死亡日は具体的に記入しましょう。

申　立　て　の　理　由
1. 申立人は遺言書から、平成20年2月5日に遺言書を預かり、申立人の自宅金庫に保管していた。
2. 遺言者は、平成28年1月8日に死亡しましたので、遺言書の検認を求めます。なお、相続人は別紙相続人目録の通りです。

※ 相続人	本籍	東京 ㊊都 道 府 県 新宿区矢来町六丁目0	
	住所	〒 162 − 0805 東京都新宿区矢来町六丁目0 （　　方）	
	フリガナ 氏名	大泉《オオイズミ》　花子《ハナコ》	大正 ㊊昭和 平成 22年 3月 5日 生 （69 歳）
※ 相続人	本籍	東京 ㊊都 道 府 県 杉並区高円寺南七丁目0	
	住所	〒 176 − 0001 東京都杉並区高円寺南七丁目0 （　　方）	
	フリガナ 氏名	大泉《オオイズミ》　二郎《ジロウ》	大正 ㊊昭和 平成 47年 8月 2日 生 （43 歳）
※	本籍	都 道	

別紙に相続人目録を作成し添付します。

相続放棄申述書の書き方

→詳しい内容は p126 へ

受付印	相　続　放　棄　申　述　書
収入印紙　円	（この欄に収入印紙800円分を貼ってください。）
予納郵便切手　円	（貼っ

収入印紙

手数料として800円分の収入印紙を添付します。

準口頭		関連事件番号　平成　年（家　）第

東京　家庭裁判所 御中 平成 28 年 3 月 25 日	申述人 （未成年者などの場合は法定代理人） の記名押印	大泉　一郎　（印）

添付書類	（同じ書類は1通で足ります。審理のために必要な場合は，追加書類の提出をお願いすることがあります。） ☑ 戸籍（除籍・改製原戸籍）謄本（全部事項証明書）　合計 ◯ 通 ☐ 被相続人の住民票除票又は戸籍附票 ☐

申述人	本籍（国籍）	東京 ㊞都 道府県　練馬区練馬五丁目0		
	住所	〒 176 － 0001　電話 03（1234）5678 東京都練馬区練馬五丁目0　（　方）		
	フリガナ 氏名	大泉《オオイズミ》　一郎《イチロウ》	大正・（昭和）・平成 45年10月10日 生（46 歳）	職業　会社員
	被相続人との関係	※ 被相続人の………（1）子　2 孫　3 配偶者　4 直系尊属（父母・祖父母）　5 兄弟姉妹　6 おいめい		
法定代理人等	※ 1 親権者 2 後見人 3	住所　〒　－　電話		
		フリガナ 氏名	フリガ 氏	
被相続人	本籍（国籍）	東京 （都） 道府県　新宿区矢来町六丁目0		
	最後の住所	東京都新宿区矢来町六丁目0	死亡当時の職業	無職
	フリガナ 氏名	大泉《オオイズミ》　太郎《タロウ》	平成 28年 1月 8日死亡	

電話番号

平日の日中に連絡のつく番号を記入します。携帯電話でも構いません。

（注）　太枠の中だけ記入してください。　※の部分は，当てはまる番号を○で囲み，被相続人との関係欄の7，法定代理人等欄の3を選んだ場合には，具体的に記入してください。

相続放棄（1/2）

（942080）

相続放棄申述書を提出する

提出期限	相続開始から3カ月以内
提出先	故人の住所地を管轄する家庭裁判所
届出人	相続人
必要なもの	申述人の戸籍謄本、故人の住民票除票または戸籍附票など
手数料	遺言書1通につき800円分の収入印紙、連絡用の郵便切手

申　述　の　趣　旨
相続の放棄をする。

申　述　の　理　由	
※　相続の開始を知った日…………平成 28 年 1 月 8 日 （1）被相続人死亡の当日　　3　先順位者の相続放棄を知った日 2　死亡の通知をうけた日　　4　その他（　　　）	
放棄の理由	相続財産の概略
※ 1　被相続人から生前に贈与を受けている 2　生活が安定している。 3　遺産が少ない。 4　遺産を分散させたくない。 （5）債務超過のため。 6　その他〔　　　〕	資産 農　地……約＿＿＿平方メートル　現金 預貯金………約 60 万円 山　林……約＿＿＿平方メートル　有価証券……約＿＿＿万円 宅　地……約＿＿＿平方メートル 建　物……約＿＿＿平方メートル 負　債…………………………約 500 万円

（注）　太枠の中だけ記入してください。　※の部分は，当てはまる番号を○で囲み，申述の理由欄の4，放棄の理由欄の6を選んだ場合には，（　　）内に具体的に記入してください。

理由

相続財産を放棄する理由として該当するものをチェックします。あてはまるものがないときは「その他」に記入しましょう。

相続財産

すべての相続財産の内容を正確に記入します。

相続放棄（2/2）

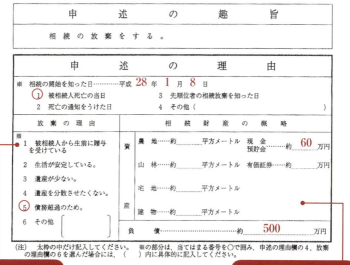

遺産分割調停申立書の書き方

→詳しい内容は p132 へ

この申立書の写しは，法律の定めるところにより，申立ての内容を知らせるため，相手方に送付されます。

受付印	遺産分割 ☑ 調停 □ 審判 申立書
	（この欄に申立て１件あたり収入印紙１，２００円分を貼ってください。）
円	（貼った印紙に押印しないでください。）
予納郵便切手 円	

収入印紙

手数料として1200円分の収入印紙を添付します。

東京 家庭裁判所 御中 平成 28 年 2 月 25 日	申立人（又は法定代理人など）の記名押印	大泉 一郎	（大泉）

添付書類	（審理のために必要な場合は，追加書類の提出をお願いすることがあります。） ☑ 戸籍（除籍・改製原戸籍）謄本（全部事項証明書）合計 通 ☑ 住民票又は戸籍附票 合計 ○ 通 □ 不動産登記事項証明書 合計 ☑ 固定資産評価証明書 合計 ○ 通 ☑ 預貯金通帳写し又は残高証明書 □ 有価証券写し 合計 通 □

遺産の内容

別紙に遺産目録を作成し添付します。

当事者		別紙当事者目録記載のとおり
被相続人	本籍（国籍）	東京 都（道府県） 新宿区矢来町六丁目0
	最後の住所	東京 都（道府県） 新宿区矢来町六丁目0
	フリガナ 氏名	大泉《オオイズミ》 太郎《タロウ》 　平成 28年 1月 8日死亡

申立ての趣旨
被相続人の遺産の分割の（ ☑ 調停 ／ □ 審判 ）を求める。

申立ての理由	
遺産の種類及び内容	別紙遺産目録記載のとおり
被相続人の債務	□ 有 ／ ☑ 無 ／ □ 不明
☆ 特別受益	☑ 有 ／ □ 無 ／
遺言	□ 有 ／ ☑ 無 ／
遺産分割協議書	□ 有 ／ ☑ 無 ／
申立ての動機	☑ 分割の方法が決まらない。 □ 相続人の資格に争いがある。 □ 遺産の範囲に争いがある。 □ その他（

（注）太枠の中だけ記入してください。
□の部分は該当するものにチェックしてください。
☆の部分は，被相続人から生前に贈与を受けている等特別な利益を受けて
い。「有」を選択した場合には，遺産目録のほかに，特別受益目録を作成の
い。

遺産（1/ ）

(942100)

動機

分割協議を行う動機として該当するものをチェックします。あてはまるものがないときは「その他」に記入しましょう。

遺産分割調停申立書を提出する

提出先	調停の相手となる相続人の住所地を管轄する家庭裁判所
届出人	相続人、包括受遺者（遺言によって相続人と同一の権利を持つ人）など
必要なもの	故人の出生から死亡までのすべての戸籍謄本、相続人全員の戸籍謄本、相続人全員の住民票、遺産に関する証明書など
手数料	故人ひとりにつき1200円分の収入印紙、連絡用の郵便切手

この申立書の写しは，法律の定めるところにより，申立ての内容を知らせるた

当　事　者　目　録

☑ 申立人 ☐ 相手方	本籍（国籍）	東京 (都)道府県 練馬区練馬五丁目0	
	住所	〒176－0001 東京都練馬区練馬五丁目0	（　　方）
	フリガナ 氏名	大泉《オオイズミ》　一郎《イチロウ》	大正 (昭和) 平成 45年10月10日生（45歳）
	被相続人との続柄	長男	
☐ 申立人 ☑ 相手方	本籍（国籍）	東京 (都)道府県 新宿区矢来町六丁目0	
	住所	〒162－0805 東京都新宿区矢来町六丁目0	（　　方）
	フリガナ 氏名	大泉《オオイズミ》　花子《ハナ コ》	大正 (昭和) 平成 22年3月5日生（69歳）
	被相続人との続柄	妻	
☐ 申立人 ☑ 相手方	本籍（国籍）	東京 (都)道府県 杉並区高円寺南七丁目0	
	住所	〒176－0001 東京都杉並区高円寺南七丁目0	（　　方）
	フリガナ 氏名	大泉《オオイズミ》　二郎《ジ ロウ》	大正 (昭和) 平成 47年8月2日生（43歳）
	被相続人との続柄	次男	
	籍 ）	都道府県	
	所	〒　－	（　　方）
	ナ 名		大正 昭和 平成　年　月　日生（　歳）
	続人 との続柄		
☐ 申立人 ☐ 相手方	本籍（国籍）	都道府県	
	住所	〒　－	（　　方）
	フリガナ 氏名		大正 昭和 平成　年　月　日生（　歳）
	被相続人との続柄		

（注）☐の部分は該当するものにチェックしてください。

遺産（　/　）

(942102)

当事者目録

裁判所から連絡がとれるよう正確な住所を記入します。

相手方

申立人以外のすべての相続人を相手方として記入します。

相続税の申告書の書き方

→詳しい内容は p152 へ

● 相続税の申告書の基本

POINT 1 所得した財産が基礎控除額を超えたら申告が必要

POINT 2 申告義務のある人全員が共同で作成

POINT 3 特例の適用で納税しなくてよい場合でも申告する

相続税申告には財産の種類ごとに
多くの添付資料が必要です

土地、建物
・固定資産税評価証明書
・不動産登記謄本
・名寄帳
・路線価図、測量図、公図など

現金、預貯金
・預貯金通帳
・銀行残高証明書など

有価証券
・株券、割引債券
・貸付信託、国債の残高証明書など

生命保険金
・保険金の支払い通知

生前贈与財産
・贈与税申告書
・預貯金通帳
・有価証券取引明細書
・贈与契約書など

退職金、弔慰金
・退職金支払調書など

寄付金
・寄付行為や公益法人であることの証明書など

借入金、未払金
・銀行残高証明書、請求書、領収書など

葬儀費用
・領収書など

相続税の申告書を提出する

提出先	故人の住所地を管轄する税務署
届出人	故人から相続または遺贈により財産をもらった人
必要なもの	相続人全員の戸籍謄本、遺言書または遺産分割協議書の写し、相続人全員の印鑑登録証明書など
手数料	かかりません

申告書の記入順序

相続税の申告には多くの様式があるため、下記の図などを参考に必要なものだけを作成しましょう。第11表で課税財産を集計し、第2表で相続税の総額を計算して第1表で各相続人に割りふります。

❶ 相続税のかかる財産について第9～11表を作成します。

❷ 被相続人の債務や葬式費用について第13表を、生前贈与加算について第14表を作成します。

❸ 第11～14表を元に第15表を作成します。

❹ 課税価格の合計額、相続税の総額を計算するため、第1、2表を作成します。

❺ 税額控除額を計算するため、第4～8表を作成します。第1表に転記し、各人の納付税額を算定します。

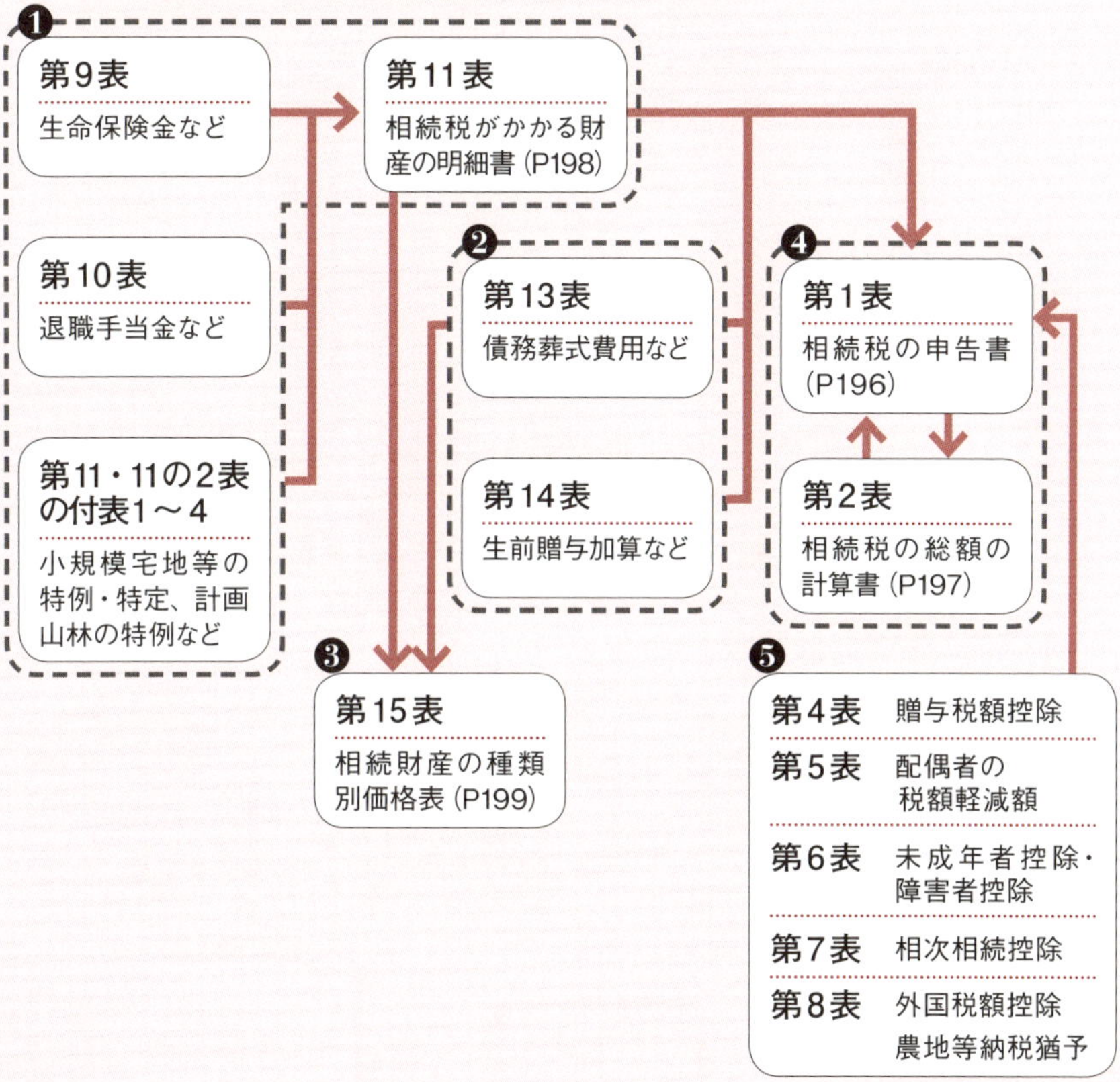

第1表(相続税の申告書)

相続税の申告書

＿＿＿＿税務署長
＿＿年＿＿月＿＿日提出

相続開始年月日 平成28年1月8日

> 相続開始年月日は通常死亡日と同日です。

※申告期限延長日　　年　月　日

○フリガナは、必ず記入してください。

	各人の合計	財産を取得した人
フリガナ	（被相続人）オオイズミ　タロウ	オオイズミ　ハナコ
氏名	大泉　太郎	大泉　花子（印）
生年月日	昭和20年6月8日（年齢70歳）	昭和22年3月5日（年齢69歳）
住所（電話番号）	東京都新宿区矢来町六丁目0	〒162-0805 東京都新宿区矢来町六丁目0（03－1111－2222）
被相続人との続柄／職業	無職	妻／無職
取得原因	該当する取得原因を○で囲みます。	相続（○）・遺贈・相続時精算課税に係る贈与
※整理番号		

			各人の合計	財産を取得した人
課税価格の計算	取得財産の価額（第11表③）	①	97500000円	92500000円
	相続時精算課税適用財産の価額（第11の2表1⑦）	②		
	債務及び葬式費用の金額（第13表3⑦）	③	4000000	4000000
	純資産価額（①＋②－③）（赤字のときは0）	④	93500000	88500000
	純資産価額に加算される暦年課税分の贈与財産価額（第14表1④）	⑤	5000000	5000000
	課税価格（④＋⑤）（1,000円未満切捨て）	⑥	98500000	Ⓐ 93500000
各人の算出税額の計算	法定相続人の数／遺産に係る基礎控除額		3人　48000000円	Ⓑ 左の欄には、第2表の②欄の⑪の人数及びⓉの金額を記入します。
	相続税の総額	⑦	6075000	左の欄には、第2表の⑧欄の金額を記入します。
	一般の場合（⑩の場合を除く）あん分割合（各人の⑥／Ⓐ）	⑧	1.00	0.949238
	一般の場合（⑩の場合を除く）算出税額（⑦×各人の⑧）	⑨	6075000円	5766620円
	農地等納税猶予の適用を受ける場合　算出税額（第3表⑬）	⑩		
	相続税額の2割加算が行われる場合の加算金額（第4表1⑥）	⑪	円	円
各人の納付・還付税額の計算	税額控除　暦年課税分の贈与税額控除額（第4表2⑭）	⑫		
	税額控除　配偶者の税額軽減額（第5表㋑又は㋬）	⑬	5766620	5766620
	税額控除　未成年者控除額（第6表1②、③又は⑥）	⑭		
	税額控除　障害者控除額（第6表2②、③又は⑥）	⑮		
	税額控除　相次相続控除額（第7表⑬又は⑱）	⑯		
	税額控除　外国税額控除額（第8表1⑧）	⑰		
	税額控除　計	⑱	1568274	5766620
	差引税額（⑨＋⑪－⑱）又は（⑩＋⑪－⑱）（赤字のときは0）	⑲	308380	
	相続時精算課税分の贈与税額控除額（第11の2表⑱）	⑳	00	00
	医療法人持分税額控除額（第8の4表2B）	㉑		
	小計（⑲－⑳－㉑）（黒字のときは100円未満切捨て）	㉒	308380	
	農地等納税猶予税額（第8表2⑦）	㉓	00	00
	株式等納税猶予税額（第8の2表2⑩）	㉔	00	00
	山林納税猶予税額（第8の3表2⑧）	㉕	00	00
	医療法人持分納税猶予税額（第8の4表2A）	㉖	00	00
	申告納税額（㉒－㉓－㉔－㉕－㉖）　申告期限までに納付すべき税額	㉗	308300	00
	申告納税額（㉒－㉓－㉔－㉕－㉖）　還付される税額	㉘	△	△

(注) ㉗欄の金額が赤字となる場合は、㉗欄の左端に△を付してください。なお、この場合で、㉘欄の金額のうちに贈与税の外国税額控除額（第11の2表⑤）がある……「相続税の申告のしかた」を参照してください。

○この申告書は機械で読み取りますので、黒ボールペンで記入してください。また、申告書と添付資料を一緒にとじないでください。

※の項目は記入する必要がありません。

第1表（平成27年分以降用）

※税務署整理欄　名簿番号　グル…番号　通信日付印　年月日　（確認者印）

作成税理士の事務所所在地…　税理士法第30条の書面提出…

（資4－20－…）

> 千円未満は切り捨てます。課税価格＞基礎控除額なら申告義務があります。

> 百円未満は切り捨てます。

> 第2表⑧から転記します。

> 小数点以下2位未満は相続人全員の合計が1になるように自由に決められます。

第2表（相続税の総額の計算書）

表1の⑥から転記します。

相続税の総額の計算書

被相続人　大泉　太郎

第2表（平成27年分以降用）

この表は、第1表及び第3表の「相続税の総額」の計算のために使用します。
なお、被相続人から相続、遺贈や相続時精算課税に係る贈与によって財産を取得した人のうちに農業相続人がいない場合は、この表の㋭欄及び㋬欄並びに⑨欄から⑪欄までは記入する必要がありません。

① 課税価格の合計額		② 遺産に係る基礎控除額		③ 課税遺産総額	
㋑（第1表 ⑥Ⓐ）	98,500,000円	3,000万円＋（600万円×（Ⓐの法定相続人の数）㋺ 3人）＝	㋩ 4,800万円	㊁（㋑－㋩）	50,500,000円
㋭（第3表 ⑥Ⓐ）	,000	㋺の人数及び㋩の金額を第1表Ⓑへ転記します。		㋬（㋭－㋩）	,000

④ 法定相続人（（注）1参照） 氏名	被相続人との続柄	⑤ 左の法定相続人に応じた法定相続分	第1表の「相続税の総額⑦」の計算 ⑥ 法定相続分に応ずる取得金額（㊁×⑤）（1,000円未満切捨て）	⑦ 相続税の総額の基となる税額（下の「速算表」で計算します。）	第3表の「相続税の総額⑦」の計算 ⑨ 法定相続分に応ずる取得金額（㋬×⑤）（1,000円未満切捨て）	⑩ 相続税の総額の基となる税額（下の「速算表」で計算します。）
大泉花子	妻	1／2	25,250,000円	3,287,500円	,000円	円
大泉一郎	長男	1／4	12,625,000	1,393,750	,000	
大泉二郎	次男	1／4	12,625,000	1,393,750	,000	
			,000		,000	
			,000		,000	
			,000		,000	
			,000		,000	
			,000		,000	
			,000		,000	
法定相続人の数	Ⓐ 3人	合計 1	⑧ 相続税の総額（⑦の合計額）（100円未満切捨て）	6,075,000	⑪ 相続税の総額（⑩の合計額）（100円未満切捨て）	00

（注）1　④欄の記入に当たっては、被相続人に養子がある場合や相続の放棄があった場合には、「相続税の申告のしかた」をご覧ください。
2　⑧欄の金額を第1表⑦欄へ転記します。財産を取得した人のうちに農業相続人がいる場合は、⑧欄の金額を第1表⑦欄へ転記するとともに、⑪欄の金額を第3表⑦欄へ転記します。

（修正申告書の第2表として使用するときは、㋑欄には修正申告書第1表の㋺欄の⑥Ⓐの金額を記入し、㋭欄には修正申告書
1の㋺欄の⑥Ⓐの金額を記入します。）

相続税の速算表

法定相続分に応ずる取得金額	10,000千円以下	30,000千円以下	50,000千円以下	100,000千円以下	200,000千円以下	300,000千円以下	600,000千円以下	600,000千円超
税率	10%	15%	20%	30%	40%	45%	50%	55%
控除額	－千円	500千円	2,000千円	7,000千円	17,000千円	27,000千円	42,000千円	72,000千円

法定相続分（→P104）を記入します。

第1表⑦へ転記します。

「相続税の速算表」を見て⑥欄の取得金額に応じた税額を計算します。

用方法は、次のと…
率－控除額＝⑦欄…　額×税率－控…
金額30,000千円に対…　,000千円×…

について
税については、各…相続時精算…価額を限度として、
お互いに連帯して納付しなければならない義務があります。

第2表（平27.7）　…－20－3－A4統一）

第11表（相続税がかかる財産の明細書）

相続税がかかる財産の明細書

（相続時精算課税適用財産を除きます。）

被相続人　大泉　太郎

第11表（平成21年4月分以降用）

○相続時精算課税適用財産の明細については、この表によらず第11の2表に記載します。

この表は、相続や遺贈によって取得した財産及び相続や遺贈によって取得したものとみなされる財産のうち、相続税のかかるものについての明細を記入します。

遺産の分割状況				
	区分	①全部分割	2 一部分割	3 全部未分割
	分割の日	28・5・20	・・	

財産の明細 種類	細目	利用区分、銘柄等	所在場所等	数量 固定資産税評価額	単価 倍数	価額	分割が確定した財産 取得した人の氏名	取得財産の価額
土地	宅地	自用地	東京都新宿区矢来町●●	円	円	3,000,000円	大泉花子	3,000,000円
	(小計)					(3,000,000)		
((計))						((3,000,000))		
家屋	家屋	自用家屋		1戸 5,000,000		5,000,000	大泉花子	5,000,000
((計))						((5,000,000))		
現金預貯金等	現金預貯金等	普通預金	○○銀行／○○支店			4,500,000	大泉花子	4,500,000
〃	〃	定期預金	●●銀行／○○支店			80,000,000	大泉花子	80,000,000
((計))						((84,500,000))		
その他の財産	年金保険等					2,500,000	大泉一郎	2,500,000
〃	〃					2,500,000	大泉二郎	2,500,000
	(小計)					(5,000,000)		
(小計)						((5,000,000))		
((合計))						((97,500,000))		

遺産の分割がすべて終わっていれば全部分割、一部未分割のものが残っていれば一部分割に丸をして日付を書きます。

まだ分割していない財産がある場合、相続分に応じた金額を記入します。

9表、10表、11・11の2表の対表1～4で計算した課税価格を記入します。

合計表		（各人の合計）					
財産を取得した人の氏名			大泉花子	大泉一郎	大泉二郎		
分割財産の価額	①	97,500,000円	92,500,000円	2,500,000円	2,500,000円	円	円
未分割財産の価額	②						
各人の取得財産の価額（①＋②）	③	97,500,000	92,500,000	2,500,000	2,500,000		

（注）1　「合計表」の各人の③欄の金額を第1表のその人の「取得財産の価額①」欄に転記します。
2　「財産の明細」の「価額」欄は、財産の細目、種類ごとに小計及び計を付し、最後に合計を付して、それらの金額を第15表の①から㉘までの該当

第1表の①に転記します。

第11表（平27.7）　（資4－20－12－1－A4統一）

第15表（相続財産の種類別価格表）

相続財産の種類別価額表（この表は、第11表から第14表までの記載に基づいて記入します。）　FD3535

○この申告書は機械で読み取りますので、黒ボールペンで記入してくだ

（単位は円）

種類	細目	番号	各人の合計	被相続人（氏名）大泉太郎 / 大泉花子
※	整理番号		被相続人	
土地（土地の上に存する権利を含みます。）	田	①		
	畑	②		
	宅地	③	3000000	3000000
	山林	④		
	その他の土地	⑤		
	計	⑥	3000000	3000000
	⑥のうち特例農地等　通常価額	⑦		
	⑥のうち特例農地等　農業投資価格による価額	⑧		
家屋、構築物		⑨	5000000	5000000
事業（農業）用財産	機械、器具、農耕具、その他の減価償却資産	⑩		
	商品、製品、半製品、原材料、農産物等	⑪		
	売掛金	⑫		
	その他の財産	⑬		
	計	⑭		
	…当還元方式…ったもの	⑮		
	…の他の方式…ったもの	⑯		
	…株式及び出資	⑰		
	…び社債	⑱		
	…貸付信託…証券	⑲		
	計	⑳		
現金、預貯金等		㉑	84500000	84500000
家庭用財産		㉒		
その他の財産	生命保険金等	㉓	5000000	
	退職手当金等	㉔		
	立木	㉕		
	その他	㉖		
	計	㉗	5000000	
合計（⑥＋⑨＋⑭＋⑳＋㉑＋㉒＋㉗）		㉘	97500000	92500000
相続時精算課税適用財産の価額		㉙		
不動産等の価額（⑥＋⑨＋⑩＋⑮＋⑯＋㉕）		㉚	8000000	
⑯のうち株式等納税猶予対象の株式等の価額の80％の額		㉛		
⑰のうち株式等納税猶予対象の株式等の価額の80％の額		㉜		
債務等	債務	㉝	1000000	1000000
	葬式費用	㉞	3000000	3000000
	合計（㉝＋㉞）	㉟	4000000	4000000
差引純資産価額（㉘＋㉙－㉟）（赤字のときは0）		㊱	93500000	88500000
純資産価額に加算される暦年課税分の贈与財産価額		㊲		
課税価格（㊱＋㊲）（1,000円未満切捨て）		㊳	93500000	88500000

※の項目は記入する必要がありません。

※税務署整理欄	申告区分		年分		名簿番号		申告年月日		グループ番号	

第15表（平27.7）　（資4－20－16－1－A4統一）

第15表（平成26年分以降用）

11表に記載した金額を財産の種類別に合計します。

支払うことが確実な被相続人の債務などがある場合、13表で計算して転記します。

我が家の手続きがわかる！

葬儀・相続
書き込み式リスト

葬儀の費用にはいくらかかるのか、
手続きをするために何が必要なのか……。
家族の誰が亡くなったか、
自分は故人とどのような関係かによって、
手続きの内容などが変わってきます。
本書を参考にし、自分に必要な手続き内容や
そろえる必要書類などを
書き出して確認してみましょう。

〔書き込み式リストの内容〕

危篤・臨終時連絡リスト
葬儀費用見積もりリスト
心づけを渡す人リスト
法要日程表
我が家の手続き必要書類一覧
遺産管理リスト
遺産分割協議書 見本＆テンプレート

書き込み式リストを適宜コピーして記入し、葬儀までの準備や、その後の手続きの際に活用しましょう。

危篤・臨終時連絡リスト

→詳しい内容は p20 へ

家族の危篤や臨終の連絡を受けたら、まずは、3親等内の
親族や故人と親しかった知人などに連絡をします。
リストに記入して伝え漏れのないようにしましょう。

連絡する人	故人との関係	電話番号	備考欄

電話で伝える内容

- 危篤・臨終となった人の名前
- 自分との関係
- 容体
- 急を要するかどうか
  （相手にすぐ来てもらいたい場合はそのことを明確に）
- 病院の所在地
- 自分の名前、緊急時の連絡先

電話した相手から、ほかの親族・知人へ連絡を入れてもらう場合は、情報を正確に共有してもらいましょう。可能ならメールでも詳細を伝え、転送してもらうと安心です。

伝え方例

突然のお電話にて失礼いたします。
（大泉太郎）の（息子）の（大泉一郎）です。
この度、入院中の（父）の容体が悪化し、
（危篤状態）になりました。
入院先の病院は、（新宿区）の（新宿病院）です。
私の携帯電話の番号は（090-0000-0000）です。
病院におりますため、すぐに出られないことも
あるかもしれませんがご了承ください。

葬儀費用見積もりリスト

→詳しい内容は p30-31, 46 へ

通夜・葬儀にかかる費用をまとめ、予算の管理をしましょう。葬儀会社は複数の候補を出し、見積もり書をもらって比較すると安心です。

内容	内訳	平均予算額	金額
通夜・葬儀基本費用	式場利用料	5万～数十万円	円
	祭壇	20万円～	円
	通夜ぶるまい	3千～6千円（ひとり）	円
	棺	5万～30万円	円
	遺影	1万～3万円	円
	骨壷	1万～数十万円	円
	枕飾り	1万～3万円	円
	布団代	3千円（1日1組）	円
	位牌	1万～10万円	円
	ドライアイス	5千～1万円（1回）	円
			円
			円
			円
			円
			円
			円
			円
			円
			円
			円
			円

小計　　　　　　　　　円

内容	内訳	平均予算額	金額
車両費用	寝台車	1万5千円（10kmまで）	円
	霊柩車《れいきゅうしゃ》	1万5千～4万5千円（10kmまで）	円
			円
		小計	円
火葬費用	火葬料	無料～5万円	円
	火葬場休憩室使用料	数千円～2万円	円
			円
		小計	円
返礼品費用	会葬返礼品	千円（ひとり）	円
	会葬礼状	100円（ひとり）	円
			円
		小計	円
そのほか	精進落とし準備費	3千円（ひとり）	円
	宗教者へのお布施	20万円	円
	世話役への心づけ	3千円（ひとり）	円
			円
			円
			円
			円
			円
			円
			円
			円
			円
		小計	円
		合計	**円**

心づけを渡す人リスト

→詳しい内容は p34 へ

通夜・葬儀で手伝いをしてくれた方への心づけは、義務ではありませんが、お礼の気持ちで渡すのがマナーです。葬儀プランによっても渡す人が異なるので葬儀会社の担当者へ相談してもよいでしょう。

担当	名前	連絡先	金額
霊柩車運転手			円
火葬場職員			円
葬儀担当者 （渡す場合）			円
世話役代表			円
世話役			円
世話役			円
世話役			円
世話役			円
			円
			円
			円
			円
			円
			円

心づけの平均金額

霊柩車運転手	3千～5千円
火葬場職員	3千～5千円
世話役代表	5千円
世話役	3千円
葬儀会社担当者	5千円（渡す場合）

法要日程表

→詳しい内容は p172 へ

故人が亡くなった日から忌日《きじつ》法要、年忌《ねんき》法要の日を記入し、法要の日程を把握しましょう。法要の日に合わせて準備を進めます。

亡くなった日　　　　**年　　月　　日**

	法要日	故人の法要月日	実際に法要を行う日程
忌日法要	初七日《しょなのか》（死亡日を含む・死後7日目）		
	二七日《ふたなぬか》（死亡日を含む・死後14日目）		
	三七日《みなぬか》（死亡日を含む・死後21日目）		
	四七日《よなぬか》（死亡日を含む・死後28日目）		
	五七日《いつなぬか》（死亡日を含む・死後35日目）		
	六七日《むなぬか》（死亡日を含む・死後42日目）		
	七七日《しちしちにち》（死亡日を含む・死後49日目） 四十九日《しじゅうくにち》法要		
	百か日《ひゃっかにち》（死亡日を含む・死後100日目）		
年忌法要	一周忌（死後1年目）		
	三回忌（死後満2年目の祥月命日《しょうつきめいにち》）		
	七回忌（死後満6年目の祥月命日）		
	十三回忌（死後満12年目の祥月命日）		
	十七回忌（死後満16年目の祥月命日）		
	二十三回忌（死後満22年目の祥月命日）		
	二十七回忌（死後満26年目の祥月命日）		
	三十三回忌（死後満32年目の祥月命日）		

※一般的に法要を行うのは□で囲った日程のところです

我が家の手続き必要書類一覧

→詳しい内容は p80 へ

手続きには、必要に応じて住民票や戸籍謄本などが必要になります。市区町村役場へ何度も足を運ばなくてよいように、自分に必要な手続きと書類の枚数を書き出しましょう。

必要書類	必要な手続き	枚数	手続き期限	備考
住民票 必要枚数 合計　枚	例）不動産名義変更	1枚	2016年　12月頃	戸籍でもOK
		枚	年　月頃	
		枚	年　月頃	
		枚	年　月頃	
		枚	年　月頃	
		枚	年　月頃	
		枚	年　月頃	
		枚	年　月頃	
		枚	年　月頃	
		枚	年　月頃	
		枚	年　月頃	
印鑑登録証 必要枚数 合計　枚		枚	年　月頃	
		枚	年　月頃	
		枚	年　月頃	
		枚	年　月頃	
		枚	年　月頃	
		枚	年　月頃	
		枚	年　月頃	
		枚	年　月頃	
		枚	年　月頃	
		枚	年　月頃	
		枚	年　月頃	

必要書類	必要な手続き	枚数	手続き期限	備考
戸籍謄本 必要枚数 合計　枚		枚	年　月頃	
		枚	年　月頃	
		枚	年　月頃	
		枚	年　月頃	
		枚	年　月頃	
		枚	年　月頃	
		枚	年　月頃	
		枚	年　月頃	
		枚	年　月頃	
除籍謄本 必要枚数 合計　枚		枚	年　月頃	
		枚	年　月頃	
		枚	年　月頃	
		枚	年　月頃	
		枚	年　月頃	
		枚	年　月頃	
		枚	年　月頃	
		枚	年　月頃	
		枚	年　月頃	
戸籍抄本 必要枚数 合計　枚		枚	年　月頃	
		枚	年　月頃	
		枚	年　月頃	
		枚	年　月頃	
		枚	年　月頃	
		枚	年　月頃	
		枚	年　月頃	
		枚	年　月頃	
		枚	年　月頃	

※提出書類には「発行されてから３カ月以内のものに限る」など有効期限が記されていることがあります。取り寄せる前に確認をしましょう

遺産管理リスト

→詳しい内容は p100 へ

遺品整理や形見分けが終わったら、相続財産は何がどれくらい残るのかを書き出して一覧にしてみましょう。

相続内容	項目	金額	メモ
貯金・現金		円	
		円	
		円	
		円	
		円	
		円	
株式・有価証券		円	
		円	
		円	
		円	
		円	
		円	
		円	
不動産		円	
		円	
		円	
		円	
		円	
		円	
		円	
		円	
		円	

相続内容	項目	金額	メモ
家財道具			
乗物			
家業関係			
死亡保険金			
その他			

遺産分割協議書 見本&テンプレート

→詳しい内容は p130 へ

遺産分割協議書

被相続人　大泉太郎
生年月日　昭和 20 年 6 月 8 日
本　　籍　東京都新宿区矢来町六丁目

平成 28 年 2 月 5 日上記被相続人大泉太郎の死亡により開始した相続における共同相続人全員は、民法 908 条に基づく遺言による分割の指定及び禁止のないことを確認したうえで、被相続人の遺産を協議により下記のとおり分割する。

1.次の不動産は大泉花子が相続する。

所　　在　東京都新宿区矢来町六丁目
地　　番　0 番地 1
地　　目　宅地
地　　積　111.22 ㎡

相続される不動産は、登記事項証明書の記載通りに記入します。

所　　在　東京都新宿区矢来町六丁目
家屋番号　0 番地 1
種　　類　居宅
構　　造　木造スレート葺 2 階建
床 面 積　階　45.63 ㎡

2.次の預貯金は大泉次郎が相続する。

世田谷銀行　渋谷支店　普通預金　口座番号 1234567

渋谷銀行　神保町支店　定期預金　口座番号 1234567

ゆうちょ銀行　通常貯金　記号　11　　番号　1234567

3.相続人全員は、本協議書に記載する以外の遺産を、大泉花子が取得することに同意した。

4.後日判明した遺産については、その遺産について再分割協議を行います。

上記の協議を証するため、本協議書を 2 通作成して相続人ごとに署名、押印し、各自 1 通を保有する。

相続人の人数分を作成し、それを表記します。

平成　28 年　3 月　5 日

東京都世田谷区池尻町五丁目三番 0 号
大泉花子　　（実印）

東京都新宿区荒木町三丁目四番地 0 号
大泉次郎　　（実印）

テンプレートの使い方

左ページの遺産分割協議書のテンプレートは155%に拡大コピーし、---線に沿って切り取ると、A4サイズで使用することができます。

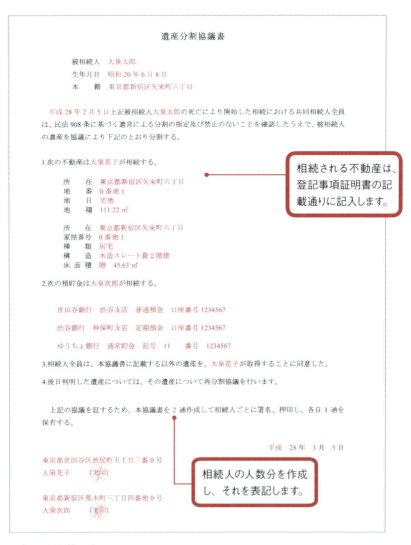

遺産分割協議書

被相続人
生年月日
本　　籍

上記被相続人　　　　の死亡により開始した相続における共同相続人全員は、民法908条に基づく遺言による分割の指定及び禁止のないことを確認したうえで、被相続人の遺産を協議により下記のとおり分割する。

1.次の不動産は　　　　が相続する。

所　　在
地　　番
地　　目
地　　積

所　　在
家屋番号
種　　類
構　　造
床 面 積

2.次の預貯金は　　　　が相続する。

3.相続人全員は、本協議書に記載する以外の遺産を、　　　　が取得することに同意した。

4.後日判明した遺産については、その遺産について再分割協議を行います。

上記の協議を証するため、本協議書を　通作成して相続人ごとに署名、押印し、各自1通を保有する。

年　　月　　日

（キリトリ線）

葬儀・相続用語集

普段あまり使わない葬儀・法要・相続の用語。知っておけば、打ち合わせなどがスムーズに進みます。

遺産分割協議《いさんぶんかつきょうぎ》

遺言書がないときなどに遺産分割の方法や相続分について話し合いのこと。相続人全員が参加して行い、不成立であれば家庭裁判所に「遺産分割調停」の申し立てをします。

遺族《いぞく》（補償《ほしょう》）給付《きゅうふ》

故人が業務上の事由による災害、または通勤途中の災害で亡くなった場合に受け取れる労災補償のこと。遺族の条件によって年金、または一時金が支払われます。

遺留分《いりゅうぶん》

相続人が最低限受け取ることができる相続分の保障のこと。遺言に従った通りに分割すると不公平になる場合、相続人の権利を守るために法律で定められています。

永代使用権《えいだいしようけん》

「永代使用料」を支払って取得する、墓地内にある区画を使用する権利のこと。永代使用権は子孫に受け継いでいくことはできますが、他人に売ることはできません。

延納《えんのう》

相続税を現金で一括納付できない場合に、利子を支払って分割で納めていく納税方法のこと。納付期限を過ぎると翌日から延滞税がかかるので注意しましょう。

開眼法要《かいげんほうよう》

仏壇や墓の完成時に行う法要のこと。入魂式とも呼ばれる。仏像を造る際、最後に眼を描き込むことで魂が入って完成することに由来する儀式。浄土真宗では行いません。

換価分割《かんかぶんかつ》

遺産を売却して金銭に換えて分ける遺産分割の方法のこと。不動産など、遺産をそのままの形で分ける「現物分割」ができない場合に行われることが多い方法です。

還骨法要《かんこつほうよう》

遺骨を家に迎え、祭壇へ安置する法要のこと。火葬後、帰宅してから僧侶の読経後に焼香を行い、忌明《きあ》けまで安置しますが、最近では省略される傾向にあります。

忌日法要《きじつほうよう》・年忌法要《ねんきほうよう》

仏教で営まれる法要のこと。故人の死後数えて7日ごとを忌日といい、百か日までの法要を忌日法要と呼びます。定められた年の祥月命日《しょうつきめいにち》（Ｐ213）に行う法要を年忌法要といいます。

基礎控除《きそこうじょ》

相続税の控除のこと。無条件で３０００万円まで控除が認められており、そこからさらに法定相続人ひとりにつき６００万円の控除が加わったものを基礎控除と呼びます。

寄与分《きよぶん》

故人の財産の維持や増加のために特別に貢献した相続人に認められる相続分のこと。遺産分割で得る相続分に貢献に見合う分の額がプラスされます。

限定承認《げんていしょうにん》

故人に多くの負債がある場合、相続で得た財産の範囲内で負債の弁済を承認して相続する方法のこと。手続きが複雑なため、近年ではあまり行われていません。

検認《けんにん》

遺言書があった場合、それが故人の作成したものであることを確認して確実に保存するための手続き。検認をせずに遺言を執行すると5万円以下の過料に処せられます。

香典返《こうでんがえ》し

通夜や葬儀で故人にお供えいただいた金品（香典）に対し、お礼に品物を贈ること。本来は四十九日法要後に贈りますが、最近では葬儀後に「即日返し」として渡すことが多いです。

心《こころ》づけ

葬儀費用とは別に、葬儀・告別式でお世話になった方へ渡すチップのようなもののこと。義務ではありませんが、故人を丁寧に扱ってくれたお礼の気持ちとして渡すのがマナー。

祭祀財産《さいしざいさん》

仏壇、仏具、神棚、墓地、墓石などの先祖を祀《まつ》るための財産のこと。家系図なども含み、これらは遺産分割せずに選ばれたひとりの相続人が受け継ぎます。

死体火葬許可証《したいかそうきょかしょう》

火葬の際に提出する必要がある書類のこと。死亡届を市区町村役場に提出するときに交付されます。火葬後には日付などを記入されて「埋葬許可証」になります。

死亡診断書《しぼうしんだんしょ》・死亡届《しぼうとどけ》

故人の死亡の事実を届け出る書類のこと。一枚の紙になっていて、死亡診断書には故人の死亡を判定して医師が、死亡届には遺族が記入し、死後7日以内に役場へ提出します。

修正申告《しゅうせいしんこく》

相続税申告後に財産が見つかった場合や計算ミスで過少申告したことがわかった場合に再度申告をすること。不足分の納税を行うことになります。

準確定申告《じゅんかくていしんこく》

被相続人の所得や税金を、相続人が申告して納税すること。1月1日から死亡日までの所得などを、死亡を知った日の翌日から4カ月以内に申告する必要があります。

祥月命日《しょうつきめいにち》

故人の命日と同月同日のこと。年忌法要はこの祥月命日に合わせて行い、亡くなって1年目の祥月命日には一周忌を、2年目には三回忌（以降数え年）を行います。

初七日法要《しょなのかほうよう》

仏式で死後7日目に行う法要のこと。葬儀後に行う初めての法要で、近年では遠方者への配慮などから葬儀や還骨法要（P212参照）と一緒に行う「くり上げ初七日法要」が主流です。

相続欠格《そうぞくけっかく》

相続人の資格を失うこと。被相続人を脅して遺言書を書かせたり、遺言書を偽造した場合などに適用されます。故人の生前に相続人の資格を失うことを「相続廃除」といいます。

相続登記《そうぞくとうき》

「相続による所有権移転登記」のこと。相続人が土地や建物などの名義変更をする際に行います。行わずに放置していると、遺産分割協議の際にトラブルになることも。

相続放棄《そうぞくほうき》

故人（被相続人）の財産上の権利と義務のすべてを放棄すること。一度相続放棄が受理されると、原則として取り消しはできません。代襲相続も適用されなくなります。

卒塔婆《そとば》

戒名や経文が書かれた細長い板のこと。仏教の追善《ついぜん》供養（生きている人の善行が故人の善行になる）に用いるもので、納骨や法要の際に、墓のそばに卒塔婆を立てます。

代襲相続《だいしゅうそうぞく》

本来相続人になるはずだった子や兄弟姉妹が死亡していた場合、その子や孫が代わって相続人になる制度のこと。兄弟姉妹については、その孫は原則として代襲相続しません。

代償分割《だいしょうぶんかつ》

不動産や土地など分割するのが難しい遺産を、ひとりあるいは数人で受け継ぎ、ほかの相続人の相続分の差額を自分の資産から支払う遺産分割の方法のこと。

中高齢寡婦加算《ちゅうこうれいかふかさん》

遺族厚生年金の加算給付のひとつ。夫が死亡したときに、妻が一定の要件を満たしていて遺族基礎年金の対象外であれば、40～65歳までの間支給されます。

直葬《ちょくそう》

通夜や葬儀など宗教的な儀式を行わず、火葬だけを行うこと。特に都市部では費用の面から需要が増加しています。親族の反発を招くこともあるので、しっかり説明を。

手元供養《てもとくよう》

遺骨の一部や遺灰を自分の身近に置いて供養するというスタイルのこと。小さな専用の容器に納めたり、ペンダントにして身につけたりします。仏壇をもたない家庭に人気。

特別受益《とくべつじゅえき》

被相続人の生前に、ほかの相続人よりも多く受け取った財産のこと。建築資金の援助などが該当し、相続財産の計算に加えたうえで遺産分割協議を行います。

年忌法要《ねんきほうよう》

故人を偲んで行う供養のこと。死後満1年に一周忌を行います。その後、三回忌、七回忌、十三回忌、十七回忌、二十三回忌、二十七回忌と行い、三十三回忌を弔い上げとするのが一般的です。

納骨《のうこつ》

お墓に遺骨を納めること。四十九日《しじゅうくにち》法要と合わせて行われるのが一般的ですが、それまでに間に合わない場合は一周忌法要と一緒に行うこともあります。

配偶者控除《はいぐうしゃこうじょ》

故人の配偶者（婚姻関係がある）であり、生計を同一にしているなどの要件を満たしていれば、受けられる所得控除のこと。相続税の納付などのときに対象かどうか確認します。

物納《ぶつのう》

相続税を金銭で納められない場合に、物で納める制度のこと。延納《えんのう》（P212参照）もできない場合に適用されます。納める財産には優先順位が決められています。

分骨《ぶんこつ》

遺骨を分けて納めること。菩《ぼ》提寺《だいじ》が遠方にある場合や、遺骨の一部を散骨する場合に行われます。分骨証明書を墓地の管理者からもらいましょう。

法定相続人《ほうていそうぞくにん》

故人と一定の血縁関係があり、民法で相続権を与えられると定められた遺族のこと。故人との関係によって第一から第三まで順位があります。

法定相続分《ほうていそうぞくぶん》

相続人の相続分は遺言書や話し合いで決められますが、故人との関係によって「相続分」があります。必ず守らなければならないわけではありませんが、分割する際の目安になります。

菩提寺《ぼだいじ》

先祖代々のお墓がある寺のこと。菩提寺の僧侶は檀家の葬儀や法事を執り行います。葬儀の方針が決定したら、日程を菩提寺に確認して、準備をすすめます。

本位牌《ほんいはい》

位牌は塔をあらわし、仏教では塔を建てることが最高の供養と考えられています。葬儀には仮位牌を用いますが、四十九日法要までには漆塗りの本位牌を用意します。

未成年者控除《みせいねんしゃこうじょ》

遺産の相続から適用される基礎控除に加え、相続人が20歳未満だった場合に、考慮される控除のこと。控除額は「相続開始から20歳になるまでの年数×10万円」の金額が対象。

みなし相続財産《そうぞくざいさん》

故人（被相続人）の死亡によって、契約上指定された人が受け取る財産のこと。生命保険金、共済金、死亡退職金、年金などが該当し、相続税の課税対象となります。

無申告加算税《むしんこくかさんぜい》

相続税の申告期限が過ぎても申告を行わなかった場合に、相続税に加えて課せられる税金のこと。同時に「延滞税」も納めなければならなくなります。

喪主《もしゅ》

遺族の代表として通夜や葬儀を主催する人物のこと。故人と血縁関係にあり、縁の深い人物が務めることが多く、ほとんどの場合は、故人の配偶者や子がなるのが一般的です。

遺言書《ゆいごんしょ》

被相続人が相続や身分などについて意思を書面で残したもののこと。普通の方式としては、「自筆証書遺言」「公正証書遺言」「秘密証書遺言」の3種類があります。

遺言執行者《ゆいごんしっこうしゃ》

遺言書の内容を実現するために必要な行為を行う権利と義務を持つ人のこと。遺言書による指定または、相続人などによる家庭内裁判所への申し立てで選任されます。

監修

本橋光一郎(もとはし　こういちろう)

弁護士。東京弁護士会所属。本橋総合法律事務所を開設。知的財産、会社、不動産などをめぐる民事事件を幅広く手がけるとともに、とりわけ、遺産相続、遺言、成年後見など家事事件についての経験が極めて豊富。相続判例研究、相続法研修講師なども多く行っている。

本橋総合法律事務所
http://www.motolaw.gr.jp/

部分監修

光石敦子(みついし　あつこ)

【P76、第三章担当】

社会保険労務士 光石事務所所長。特定社会保険労務士・ファイナンシャルプランナー。平成9年社会保険労務士登録。同年、税理士法人南井事務所内で開業。労務相談、就業規則作成、社会保険・労働保険手続き業務、給与計算・年末調整などを税理士法人南井事務所と連携し、ワンストップサービスの提供を志す。

岩下宣子(いわした　のりこ)

【第一章、第五章担当】

現代礼法研究所主宰。NPOマナー教育サポート協会理事長。財団法人日本電信電話ユーザ協会が実施する「電話応対技能検定」の専門委員。マナーデザイナーとして企業、学校、公共団体などで指導や研修、講演などで活躍。 著書も多数。

協力

本橋総合法律事務所

弁護士 本橋美智子(もとはし みちこ)
弁護士 下田俊夫(しもだ としお)
弁護士 篠田大地(しのだ だいち)

STAFF

本文デザイン　GRiD
DTP　ニシエ芸株式会社
イラスト　飯山和哉
編集協力　バブーン株式会社
(古里文香、川上萌、大坪美輝、矢作美和)

迷わずできる
葬儀のあとの手続きのすべて

2016年5月26日　初版発行

監修者　本橋光一郎
発行者　佐藤龍夫
発　行　株式会社大泉書店
住　所　〒162-0805
東京都新宿区矢来町27
電　話　03-3260-4001(代)
FAX　03-3260-4074
振　替　00140-7-1742
印　刷　半七写真印刷工業株式会社
製　本　株式会社明光社

URL　http://www.oizumishoten.co.jp/
ISBN　978-4-278-03542-1　C0077
落丁、乱丁本は小社にてお取替えいたします。
本書の内容についてのご質問は、ハガキまたはFAXにてお願いいたします。